京都老舗料亭「近又」

# 和食の手解《てほど》き

「近又」七代目又八　鵜飼治二

# はじめに

## 七代目主人からのごあいさつ

私は、京懐石「近又」の主人、七代目、鵜飼治二と申します。

創業は1801年、享和元年になります。今も幕府の「定書《さだめがき》」が残っております。

今は、京懐石の店として営んでおりますが、元々は、近江国（滋賀県）出身の初代鵜飼又八が「近江屋」の屋号で京都の錦市場のそばに旅館を開いたのが始まりでございます。

当時から、料理の美味しい宿として贔屓《ひいき》してくださるお客様が多かったと聞いております。

明治になると京都に異業種でも近江屋の屋号がついた店がたくさんでき、まぎらわしいので多くの店が改名いたしました。それで、近江の「近」と「又八」の又から「近又」と屋号を改めたのです。

時は流れ、周囲に新しく、価格も手頃なビジネスホテルが立ち並ぶようになり、もう、ビジネスマンのための定宿という役割は終えたのではないかと感じ、私、七代目又八の代から「京懐石の料亭」といたしました。

戦後の近又を支えてきた先代の父はいつも、申しておりました。

「日本を元気にしていこう!と頑張るお客様に美味しいごはんをおなかいっぱい食べていただきたいと

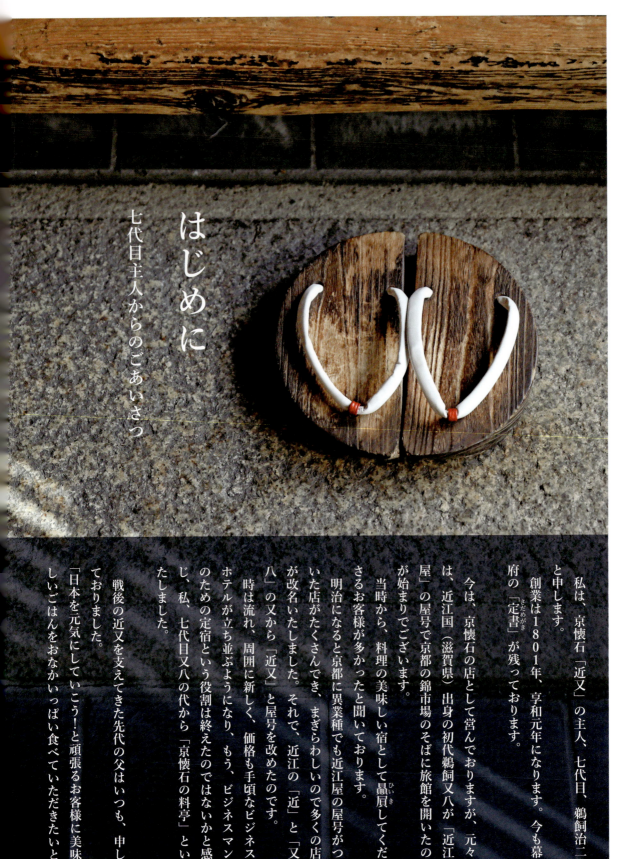

いう思いで料理を作ってきた」と。「京懐石」をお出しする料亭となった今も、その気持ちは変わりません。

本書では、古くから作り続けられてきた京都の家庭料理であるおばんざいを中心に、伝統を受け継ぐおせち、そして、現在近又でお出ししているお料理をご紹介しています。

我流ではなく和食を基本から学びたい方、初めて和食を作るという方、将来日本料理の料理人を目指したいと考える若い方のお役にも立てるよう、料理の工程も細かく載せました。

この1冊を大いに活用してください。料理は作る回数が多いほど、味つけの能力も身につき、どんどん腕が上がります。そしてできたら、ゆくゆくは、本書のレシピをもとに、ご自分の味つけを作り上げてみてください。

日々の家庭料理に、おもてなしに、そしてお店を開いていらっしゃる方が手にとってくださるのならば、お店のメニューの参考にしていただけたら幸いです。

# 目次

# 七章　おせち



# 付録

# この本の使い方

材料（2人分）

牛肉（切り落とし）……150g
じゃがいも……3個（150g）
にんじん……1/2本（150g）
玉ねぎ……2/3個（200g）
サラダ油……大さじ1/2
A かつおと昆布のだし（P.174）……250mℓ
A 酒……大さじ1
A ざらめ糖……大さじ2強
A みりん……大さじ1/2強
A 濃口しょうゆ……大さじ2強
絹さや（飾り用）……適量

1 材料を切る
じゃがいもは皮をむき、3cm程度のひと口大に切って水にさらす。にんじんは皮をむき3cm程度の乱切りに、玉ねぎは3cm程度のひと口大に切る。牛肉は2cm幅のひと口大に切る。

2 下ゆでする
中鍋に1のじゃがいもとにんじんを入れて材料がかぶるまで水を注いだら火にかけ、沸騰してから3分、7割程度までゆでる。串を刺したとき中心に当たる程度のかたさがポイント。

3 材料を炒める
フライパンを熱し、サラダ油をひいてなじませたら1の牛肉を入れ、やや赤みが残る程度まで炒める。1の玉ねぎと2のじゃがいも、にんじんを加えて中火でさっと炒め合わせ、Aを加える。

4 煮る
煮汁が沸騰したら中心に穴をあけたアルミ箔で落としぶたをし、中火で5分ほど煮込む。煮込んでいる途中、アクが出てきたらアクを引く。煮汁が半分程度になったら火を止めて、そのままおいて冷ます。

5 絹さやをゆでる
絹さやの筋を除き、熱湯で30秒ゆで、冷水につけて色止めする。4の煮汁を少し取り分けて冷まし、水きりした絹さやをつけておく。半分に切って、器に盛った肉じゃがに飾る。

▼冷蔵庫で約3日間保存できます。

美味しさの手解き
●じゃがいもとにんじんを下ゆですることで味がしみ込みやすくなり、煮込みすぎによる煮崩れと調味料の味の変化を防ぐ。また煮込む時間も短くてすむので、短時間で作れる。
●フライパンで手軽に作れるのもうれしい。

組み合わせ例
□土鍋ごはん（175ページ）
□ほたてとわけぎの酢味噌あえ（38ページ）
□たまご豆腐（132ページ）
□たいの潮汁（145ページ）

89

## 黄色ライン

料理を美味しく仕上げるうえで大切なところに黄色のラインを重ねています。味の仕上がりに大きな影響を与えるポイントです。

## ポイントカット写真

煮汁の煮詰まり具合や火の通り具合、切り方など文字では伝えきれないものを写真で紹介しています。

## 組み合わせ例

各ページで紹介している料理に合う献立のご提案です。

## 材料

野菜はgと目安の大きさとを併記しています。より正確に作りたい方はgを参考にしてください。

## 美味しさの手解き

置き換え可能な食材のご提案や、食材選びのコツ、美味しく仕上げるための技や気をつけることなどをアドバイスしています。

### 表記のルール

- 大さじ1=15mℓ・小さじ1＝5mℓ・1カップ＝200mℓ
- 電子レンジは600Wのものを使用しています。500Wの場合は1.2倍の加熱時間を目安としてください。
- 卵は特別な指示がないかぎりM玉(58g以上64g未満)を使用。
- 大鍋は直径23cm・中鍋は直径20cm・小鍋は直径18cm・フライパンは直径27cmです。
- 火加減について
  強火は鍋の底全体に火があたる状態。
  中火は鍋底に火があたるかあたらないかくらい。
  弱火は鍋底に火があたらない状態で、炎の高さは火元と鍋底の半分くらいを目安に。

# 和の逸品を美味しく作る6つのコツ

この本の料理を作るにあたり、美味しく作るいくつかのコツがあります。難しいことではなく、誰でもすぐにできる小さなコツですが、するとしないとでは、味の仕上がりはまったく違いますので、ぜひ、ここを読んでから料理を始めてください。

美味しいコツ その1

## 材料と道具の準備

材料と道具は、作り始める前にすべて準備して、作業台に並べておきましょう。作り始めてから調味料が足りないことに気づいては失敗確実ですし、冷蔵庫の中を探している間に煮詰まってしまうなんてことも。また、油や調味料のついた手で調理器具をしまっている棚や冷蔵庫を開けていては、台所も必要以上に汚れてしまいます。

美味しいコツ その2

## まずは、レシピ通り作る

この本は、和食を作り慣れていない方から、ベテランやプロの方でも、必ず美味しく作れるよう、火加減からふたのあけしめのタイミング、加熱時間や鍋の大きさの目安まで、丁寧にレシピを書き、手順のポイントには写真を添えています。

一度冷ましたりといった、一見面倒に思えるような工程にも、それぞれ意味があります（冷ます工程のお料理を温かく召し上がりたい場合は、食べる直前に温めなおします）。ぜひ基本に立ち返って一度はレシピに目を通し、手順通りに作ってみてください。

今一度、正しく美味しいお料理がどう作られるかを知っていただきたいのです。

**美味しいコツ その3**

## 作る前にだしをまとめて引いておく

和食の基本は〝だし〟。料理を作り始める前に、だしをまとめて引いておきましょう。冷蔵庫で3日間は保存できますので、多めに引いておいても大丈夫です。保存袋に入れて冷凍保存することもできますが、風味などがとんでしまうので、その場合は1週間程度の作りおきにとどめておきましょう。

**美味しいコツ その4**

## 温度計を用意する

この本では、60℃をキープしてだしを引く方法を紹介しています。だしは、この本のレシピの基本となりますから、なるべく料理用の温度計を用意していただけたらと思います。また、揚げ物が苦手という方も、正しい温度で揚げることで、美味しく仕上がります。

**美味しいコツ その5**

## 味見する

食材の水分や糖度は季節や産地、品種によって違います。さらに味噌や調味料などの濃度もお使いのものによってさまざまですから、途中で味見をしながら作ってください。これは、美味しく作る、最大のコツといってもいいでしょう。

**美味しいコツ その6**

## くり返し作る

料理の腕前は、作れば作るほど上がります。それは料理人でも同じです。最初は思うように仕上がらなかったとしても、創意工夫をしながらくり返し作ることが大切です。そして、いつか、この本のレシピを元に、ご自身のオリジナルの味を生み出していただけたら、これ以上の幸せはありません。

# 一章

# 近又の逸品

この章では、
懐石料理の「近又」でお出ししている
小さな酒のあてを集めた八寸や
正統派の和食から、
カウンターで楽しめる「近また」で
人気の、創作和食ともいえる
個性的なメニューまで、
お店で味わえる
様々な一品を紹介しています。
また、あわびや伊勢えび、
鴨、はもなどの下処理のコツも、
写真付きでお見せしているので、
ワンランク上の和食を知りたい方の
お役にも立てるかと思います。

# 八寸

近又では月替わりで、旬の材料をメインに八寸をお出ししています。
八寸は、もともと茶事の懐石にて、後半、客と亭主が杯を交わすときに供される、お酒のあてとなる料理です。
八寸（約24㎝）四方の器に盛り付けることから、八寸と呼ばれます。
こちらは、どの季節にも応用しやすい組み合わせにしました。

# いかの黄身焼きと酢取りきゅうり

卵黄でコクを加え、あぶってうまみを深めたいかと、さっぱりした酢取りきゅうりを竹串にさして。

**材料**（作りやすい分量）

いか（刺身用・胴の部分）……1ぱい分
塩……適量
卵黄……1個分
きゅうり……1本
黒七味……少々
A
酢……200㎖
上白糖……35g
薄口しょうゆ……小さじ1/2

**1 いかを焼きつける**

いかをおろして（P.182）、胴の部分をひと口大に切り、塩をかるくふって、グリルでかるく焼きつける。

**2 かるくあぶる**

1に卵黄を塗って、かるくあぶって乾かす。

**3 きゅうりを蛇腹切りに**

きゅうりを蛇腹切りにする（P.71の1参照）。

**4 甘酢につける**

バットにAを入れ、3を食べやすい大きさに切ってつける。

**5 竹串にさす**

4の水けをきり、黒七味をふる。竹串に2のいかの黄身焼きとともにさす。

# えび真丈《しんじょう》の素揚げ

えび、すり身、大和いもをすり鉢ですることで、しっとりふんわり仕上がります。そして新鮮な油で揚げることも美味しく仕上げる大切なポイントです。

**材料**（10×14・5㎝の流し缶1個分）

えび（殻付き）……約5尾（120g）
白身魚のすり身……200g
＊市販のものでよい。
大和いも……皮をむいて100g
卵白……35g（約1個分）
かつおと昆布のだし（P.174）……200㎖
揚げ油……適量

## 美味しさの手解き

◉大和いもは、つくねいもともいう。

◉すり身は、冷蔵庫のチルド室かポリ袋に入れて氷水につけて冷やしておくと柔らかく仕上がる。

◉フードプロセッサーを使ってもできるが、すり鉢で作ると、すり潰してのばすことにより、魚の臭みが出ず、仕上がりもしっとりする。時間に余裕があれば、ぜひすり鉢とすりこぎで。

◉すり鉢に材料を加えるときは、必ず3回くらいに分けて加える。そうすることで材料が分離せずムラなく混ざる。

**1 えびをすり鉢でする**

えびを細かく刻み、すり鉢でしっかりする。

**2 すり身を加えて混ぜる**

1に白身魚のすり身を3回に分けて加え、その都度しっかりすり混ぜる。

**3 大和いもをおろす**

細かいおろし金で、皮をむいた大和いもをすりおろす。

**4 いも、卵白、だしを加える**

2に3、卵白、だしの順に、それぞれ3回ずつに分けて加え、しっかりすり混ぜる。

**5 流し缶に流し入れる**

流し缶にクッキングシートを敷き、4を流し入れ、へらなどで表面をならす。一度流し缶を落として空気を抜き、ラップをかける。

**6 蒸す**

蒸し器を強火にかけ、蒸気が上がったら5をのせ、ふたをして強火で3分、弱火で40〜50分。

**7 切る**

流し缶から6を取り出し、粗熱を冷ましたらひと口大に切る。

**8 揚げる**

油を170℃の中温に熱し、7の表面に焦げ目がつくまで揚げ、バットにあげて油をきる。

# 蒸しあわび

あわびは、蒸して火入れすることで、やわらかく仕上げます。美味しく作る秘訣は、何よりもあわびが新鮮なこと。肝は、つぶさないように丁寧にはずしてください。

**材料**（1個分）

- あわび……1個（約300g）
- 大根……皮をむいて100g
- 塩……適量
- A 酒……600㎖
- 　薄口しょうゆ……40㎖

## 1 あわびの汚れをとる

あわびに塩をたっぷりふって、洗い流し、ぬめりをとる。表面をたわしで、しっかりこすって汚れをとる。

## 2 貝柱と身をはずす

肝の反対側（薄い方）から貝むきを入れ、貝柱をはずしたら、指を入れて身をはずしていく。最後は少しねじって取る。**ここで肝をつぶさないように注意する。**

## 3 貝をたわしで洗う

はずした身に塩をたっぷりふってまぶし、水で洗ってぬめりをとり、たわしで洗う。**ただし肝は洗わない。**

## 4 調味液に入れる

ボウルにAを入れ、いちょう切りにした大根と3のあわびを一緒に入れる。

## 5 あわびを蒸してねかせる

中心に穴を開けたアルミ箔を4にかぶせ、蒸気の上がった蒸し器にのせ、ふたをして強火で40～50分蒸す。粗熱がとれたら冷蔵庫でひと晩ねかせる。

## 6 身からはずす

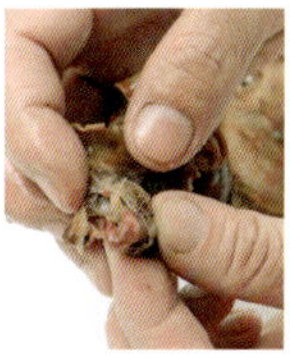

身からひも、肝、内臓、口を切り取る。

## 7 切る

身を5㎜厚さのそぎ切りにし、7㎜の格子状に包丁を入れる。

### 美味しさの手解き

- ◉貝は下処理が雑だと臭みが残るので、1～3までの手順は丁寧にしっかりと。
- ◉ヒモの部分は食べられるので、好みで取らなくてもよい。
- ◉肝はバターとしょうゆで炒める。またはしっかり焼いて裏ごしし、濃口しょうゆと混ぜて肝しょうゆを作り、あわびにつけて食べても美味しい。

# たいの小袖《こそで》ずし

小袖ずしとは、着物の小袖を形どった小ぶりな、品のよいすしのこと。たいをあぶることで、うまみを引き出し、すしに香ばしさを加えました。たい以外に、ひらめやきすなどの白身魚でも作れます。

**材料**（1本分）

たいの刺身……5切れ
木の芽……4枚
塩……少々
酢……少々

すし酢（作りやすい分量）

A
- 酢……200㎖
- 塩……20g
- 上白糖……140g
- 昆布……5g

温かいごはん……1/2合分

### 美味しさの手解き

◉たいをあぶってから、再度ラップでしめてしばらくおくことで、たいの反り返りを落ち着かせることができる。

## 1 たいをしめる

たいの切り身に塩をふり、10分おく。酢もふりかけて2分おく。

## 2 すし飯を作る

鍋にAを入れて火にかける。沸いたら火を止めて冷ます。別のボウルに温かいごはんを入れ、Aを味見をしながら好みの分量加える。しゃもじでごはんを切るようによく混ぜ、すし飯を作る。決してこねないこと。

## 3 すし飯を棒状にする

②のすし飯をかるく握り、手のひらを使って下にグッと押しつけながら5㎝角の棒状に形作る（P.152の作り方②参照）。

## 4 巻きすの上に具材をのせる

巻きすにラップを敷き、中心よりやや手前に、水けをよくふいたたいを少しずつ重ねながら並べる（このとき赤い部分を縦にして重ねると仕上がりが美しい）。さらに木の芽を手でパンとたたいて上に並べる。

## 5 すし飯をのせる

④の中心に③のすし飯をのせ、手前からきつく巻く。

## 6 両端をねじる

⑤のラップの両端をしっかりねじってとめる。

## 7 表面をあぶる

⑥のラップをはずしてたいの表面をバーナーでかるくあぶったら、再度ラップできつく巻き30分程度冷蔵庫に入れておく。

## 8 ひと口大に切る

包丁を水でしっかりしめらせて、⑦のすしをひと口大に切る（水でしめらせることできれいに切れる。たいが重なっている赤い筋の部分を中心に切ると美しい）。

# ほたてと利休麩《りきゅうぶ》と水菜のごま酢がけ

刺身、精進料理などでもよく使われる京都らしい食材の利休麩と京都産の水菜に、こっくりとしたごま酢だれをかけたお酒のあてを、食べやすいように猪口《ちょこ》に盛り付けて。白、茶、緑と色合いにも変化をつけています。

**材料**（猪口1個分）

ほたての刺身……1枚
利休麩……1/3個
水菜（葉と茎の部分）……1茎
塩…… 少々

ごま酢（作りやすい分量）
A 練りごま……300g
A かつおと昆布のだし（P.174）……225mℓ
A 上白糖……140g
薄口しょうゆ……大さじ1と1/2
酢……50mℓ

**1 ほたてを切る**
ほたてに塩をふり、食べやすい大きさに切る。

**2 利休麩を切る**
利休麩に、熱湯をまわしかけて油ぬきして、ひと口大に切る。

**3 水菜を切る**
水菜は塩少々（分量外）を入れた熱湯で1分ゆで、水けをしぼる。葉の部分と茎の部分を各3cmずつに切る。

**4 ごま酢を作る**
すり鉢でAをよくすり混ぜたら薄口しょうゆを加えてすり混ぜる。さらに酢を加えてすり混ぜる。

**5 ごま酢をかける**
猪口に1、2、3を盛り付けて、4のごま酢を適量かける。

**美味しさの手解き**

●ごま酢は、しゃぶしゃぶのたれとして使ったり、いちじくやマスカットにかけても美味しい。
●利休麩とは、生グルテンをゆでて油で揚げ、しょうゆやみりんなどで味つけをしたもの。京都では「大徳寺」といわれています。なければ油揚げでもよい。

# 車えび

新鮮な車えびをさっと塩ゆでして冷水でしめるだけ。殻をつけたまま塩ゆでするのがうまみをのがさないコツです。

**材料**（作りやすい分量）

車えび……適量
塩……少々

**1 車えびをゆでる**
熱湯に塩を入れて殻ごと車えびをゆでる。ボウルに氷水をはり、車えびを入れてしめる。

**2 殻をむく**
頭と胴の間に指を入れて頭を取り、ワタも除いて、殻をむく。

# たいのあら炊き

うまみとコラーゲンが詰まったあらをこっくり炊き上げた一品。
土の香りのするごぼうと、よく合います。
たいを丁寧に洗って、臭みを除くことが美味しく作るコツです。

## 材料（2人分）

| | |
|---|---|
| たいの頭……1尾分（約500g） | 粉山椒……適量 |
| ごぼう……70g | （あれば）木の芽（飾り用）……適量 |
| A 水……600mℓ | |
| A 酒……300mℓ | |
| A ざらめ糖……70g | |
| A 濃口しょうゆ……50mℓ | |
| A （あれば）たまりじょうゆ……小さじ1 | |

### 美味しさの手解き

◉たいのほか、ぶり、さわら、かれいでも美味しい。

◉ごぼうは太さをそろえること。ごぼうのうまみが、たいのうまみを引き立ててくれます。

▼冷蔵庫で約3日間保存できます。

## 1 たいの下処理をする

たいの頭を半分に割り、❶カマを切り離す。❷次に目の下に包丁を入れ、❸エラぶたを切り離し、適当な大きさに切る。熱湯にさっとくぐらせたら、氷水にとってぬめりやウロコ、汚れを手で洗い流す（エラの下や小さな隙間の血合い、目の周りの細かいウロコなど、細部まで丁寧に洗うこと）。

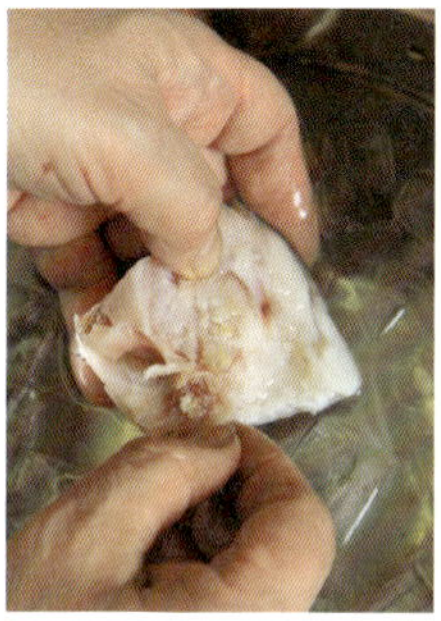

## 2 ごぼうを切る

ごぼうは皮つきのままよく洗い、5cm長さに切る。

## 3 炊く

中鍋にAを入れて火にかけ、沸騰したら1のたいと2のごぼうを入れ、強めの中火で約15分炊く。煮汁が少なくなってきたら、**煮詰まった煮汁をからめながら照りをつけて仕上げる。**

**仕上げ** 器に3を盛り、あれば木の芽は、手のひらでパンとたたいて香りを出して飾る、粉山椒をふる。

### 組み合わせ例

- □ 土鍋ごはん（175ページ）
- □ ささ身と長いもの梅肉あえ（84ページ）
- □ えび真丈のれんこん挟み揚げ（62ページ）

個室で懐石料理を召し上がっていただく「近又」での名物料理といえば、「たいのかぶと焼き」です。今は、予約のみで承っている一品で、秘伝のたれが味の決め手です。たれの割合は、酒4：濃口しょうゆ3：ざらめ糖2。たいの頭をしっかり焼きつけたら、このたれをたっぷりかけます。たれは繰り返し使うことで、だんだんとうまみが足され、秘伝のたれとなります。減ってきたら新しく継ぎ足し、育てていくのです。たれは鶏肉とも相性がよいです。

# はも春巻き

「近また」のカウンターでは、揚げたてを楽しんでいただける料理をお出ししています。京都らしい食材である、はもに枝豆、とうもろこしを春巻きにしたこのメニューは、夏になるとお客様からリクエストをいただく人気の一品です。

**材料**（2人分）

春巻きの皮……1枚
はも（骨切りしたもの）……60g

A
- とうもろこし……1/2本分（蒸してほぐす）
- 枝豆……5さや（塩ゆでしさやから出したもの5g）
- 実山椒……1g（刻む）
- もち米（炊いたもの）……ひとつかみ（5g）

梅酢あん（作りやすい分量）

B
- かつおと昆布のだし（P.174）……500㎖
- 酒……大さじ1
- 薄口しょうゆ……小さじ1
- 白しょうゆ……大さじ1と小さじ1
- ざらめ糖……70g
- 梅肉……90g

葛……大さじ1と1/2
赤芽じそ・青芽じそ……各適量

### 美味しさの手解き

◉近またでは、おこわは、はもの骨で引いただしで炊いています。骨があればぜひ。

◉たいやすずき、冬ならひらめなどの白身魚でも作れます。

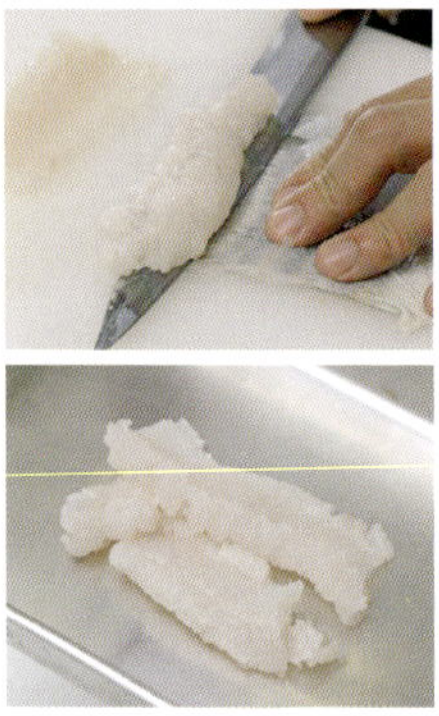

**1 はもの皮を引く**

はもを7㎝長さに切り、皮を引く。

**2 身をほぐして混ぜる**

はもの身を細かくほぐして手でまとめる。

**3 はもと具材を混ぜる**

2とAをよく混ぜて2等分し、それぞれ棒状にまとめる。

**4 春巻きの皮で包む**

春巻きの皮に3をのせて、閉じ目に、水溶き小麦粉（分量外）を塗って包む。

**5 揚げる**

170℃の油で4の春巻きを3〜4分揚げて、1本を3等分する。

**5 梅酢あんを作る**

Bを合わせて鍋に入れ、ひと煮立ちしたら同量の水で溶いた葛を加えてとろみをつける。器にひき、5の春巻きを3つのせて、赤芽じそと青芽じそを添える。

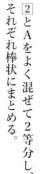

# さけの南蛮漬け

甘酸っぱい南蛮酢が、ちゅるんとした揚げ衣にしっかりからんだ南蛮漬けは、おかず、おつまみ、お弁当にも最適です。秋冬は温かくして、夏は冷たく冷やして食べると美味しいですね。

## 材料（2人分）

生さけ……180g
長ねぎの白い部分……24cm
にんじん……1/3本（100g）
大根……2.5cm（100g）

A
- かつおと昆布のだし（P.174）……300mℓ
- みりん……大さじ5
- 上白糖……大さじ1と1/2（18g）
- 酢……150mℓ
- 薄口しょうゆ……大さじ6

赤唐辛子……1本
片栗粉……適量
揚げ油……適量

### 美味しさの手解き

◉生さけのほか、わかさぎやさわら、たいでも美味しい。

◉赤唐辛子の種は取らないと南蛮酢が辛くなる。

### 1 材料を切る

さけは6等分に切る。長ねぎは4cmの長さに、にんじん、大根は長さ4～5cmの太めの短冊切りにする。赤唐辛子は種を除く。

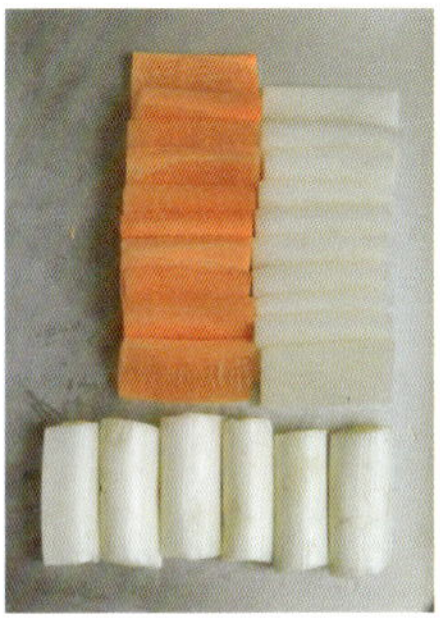

### 2 長ねぎをつける

1の長ねぎはグリルかフライパンで焼き目がつく程度に焼く。Aを中鍋に入れて火にかけ、ひと煮立ちしたら火を止めて長ねぎと1の赤唐辛子を入れてそのままおく。

### 3 材料を揚げる

1のさけとにんじん、大根に片栗粉をまぶし、170℃に熱した揚げ油でカラリと揚げる。**揚げ時間の目安はさけ2分30秒～3分、にんじん、大根は1分弱。**野菜はシャキシャキとした食感が残る程度がよい。

### 4 南蛮酢につける

3の油をきったあと、2の南蛮酢にひたし、1時間以上おく。好みで食べる直前に温めなおす。

▼冷蔵庫で約3日間保存できます。

### 組み合わせ例

- □ 土鍋ごはん（175ページ）
- □ 筑前煮（96ページ）
- □ 油揚げとこんにゃく、青菜の白あえ（126ページ）
- □ はまぐりのお吸い物（45ページ）

# 京風豚の角煮

見た目も味わいも、従来の角煮のイメージをくつがえす一品。
だしの風味がきいた透明感のある味わいは絶品です。
豚のくせを消し、美しく仕上げるコツは、たっぷりのぬかでゆがくこと。

## 材料（2人分）

豚バラ肉（かたまり）……500g
米ぬか……100g
焼き豆腐……80g
さつまいも……5㎝強（100g）
（あれば）くちなしの実……1個
A
- かつおと昆布のだし（P.174）……730㎖
- 酒……100㎖
- みりん……大さじ1

ざらめ糖……50g強
濃口しょうゆ……90㎖強
しょうが・練り辛子……各適量

### 1 豚肉に焼き目をつける

豚肉は半分に切る。フライパンを熱し、豚肉の表面がほんのり色づくまで中火で焼き目をつける。

### 2 豚肉をぬかでゆでる

大鍋に水約2・5ℓを入れて沸騰させ、1の豚肉と米ぬかを入れて落としぶたをし、約2時間中火でじっくり煮込む（米ぬかを使うことで、余分な脂も米ぬかが吸収し、臭みが取れる）。竹串などを刺して肉がやわらかくなったことを確認する。

▼冷蔵庫で約3日間保存できます。

### 美味しさの手解き

◉豚肉を煮込んだあとは、粗熱を取って煮汁ごと保存容器に入れて冷蔵庫へ。味がよりしみ込むうえ、切りやすくなる。ペーパータオルをかぶせて保存しておくと分離した脂がペーパータオルに付着するため、あっさりとした仕上がりに。

◉豚肉は煮込んで、さつまいもは下ゆでして冷蔵庫に入れておけば、あとは調味料で数分煮るだけ。

### 3 さらに豚肉をゆでる

大鍋で肉が浸る程度の湯を沸かし、肉を崩さないようへらを使って移しかえ、強火で約20分、ゆでながらぬかを落とす。

### 4 豚肉を煮込む

きれいな中鍋にAとざらめと濃口しょうゆを各1／3量入れて火にかける。沸騰したら3の肉を入れ、落としぶたをする。途中残りのざらめと濃口しょうゆを2回に分けて加えながら中火で約40分煮込み、火を止めて冷ましながら味をしみ込ませる。

### 組み合わせ例

□ 土鍋ごはん（175ページ）
□ サーモンとセロリのごま酢あえ（72ページ）

### 5 材料を切って下ゆでする

焼き豆腐は4等分に切り、さつまいもは7㎜の輪切りにする。中鍋にさつまいもを入れて水をかぶるまで注ぎ、あれば色出しのためのくちなしの実を入れて沸騰させ、約3分ゆでる。竹串を刺して中心に当たる程度、芯が残るくらいのかたさがポイント。

### 6 すべての材料を煮る

食べる直前に4の豚肉を食べる分だけ4㎝角に切り、煮汁とともに火にかけて5のさつまいもを入れる。約3分煮たら5の焼き豆腐を加え、焼き豆腐が温まるまで2～3分煮る（さつまいもや豆腐は煮すぎたり、煮たあとに煮汁に長時間漬けておくと味が濃くなるので注意）。

**仕上げ**　しょうがをごく細いせん切りにして水にさらす。器に6を盛り、しょうがと練り辛子を添える。

# 鴨とねぎの冶部煮《じぶに》

だしのうまみをまとった、やわらかな鴨肉と、香ばしく焼きつけられた長ねぎの煮物。美味しく作るコツは、鴨の下処理を丁寧にすること。細かな手順写真を載せたので、ぜひ作ってみてください。

## 材料（2人分）

鴨むね肉……250g
長ねぎの白い部分……1本（24cm）
A
- かつおと昆布のだし（P.174）……500mℓ
- 酒……大さじ2
- ざらめ糖……大さじ4
- みりん……大さじ1
- 濃口しょうゆ……大さじ4

しょうがのしぼり汁……2/3片分（10g）
片栗粉……適量
粉山椒（飾り用）……適量

### 美味しさの手解き

◉鶏もも肉でも美味しい。

◉鴨は余熱を利用することで、肉がやわらかく仕上がる。

◉余談ですが、下処理した鴨肉は薄切りにして塩をふり、さっと焼いて熱々を食べるのも美味しいので、ぜひ！

### 1 鴨肉の下処理をする

鴨肉はむね肉の身に付いている肩肉と、余分な脂身を切り落とす。

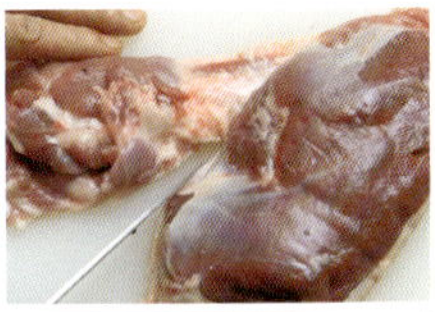

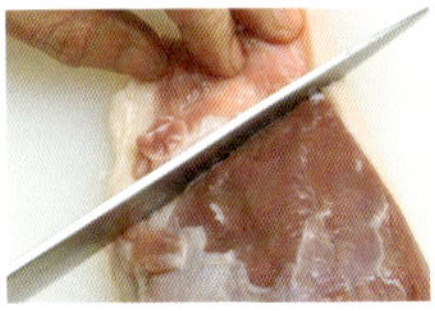

表面を覆う白い筋と膜を丁寧に取り除く。

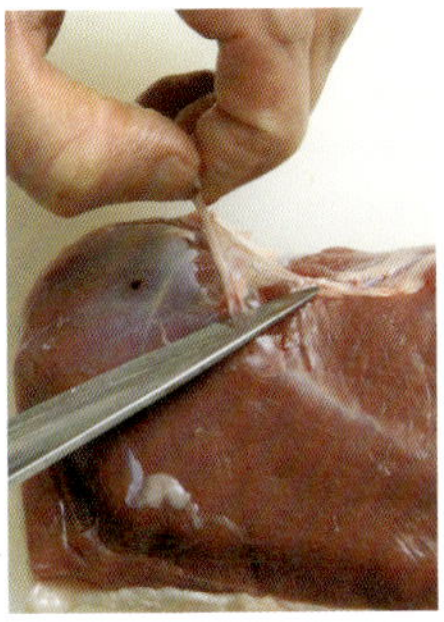

身の中心あたりに2カ所、太い血管が通っているので、両手でつまむようにして血を浮かせたらペーパータオルでしっかりと血を吸い取る。

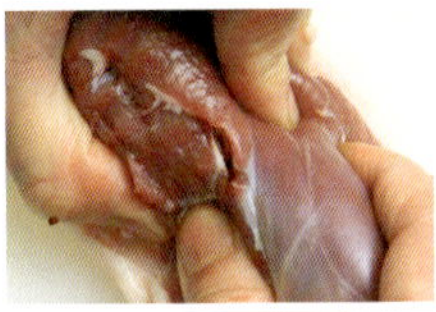

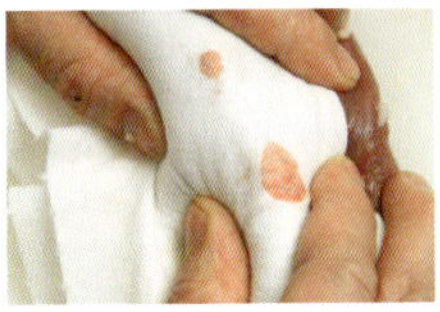

### 2 鴨肉に粉をはたく

1の鴨肉は2〜3cm幅に、さらに長さを半分に切る。片栗粉をまぶし、ダマにならないようハケなどで払い落とす。

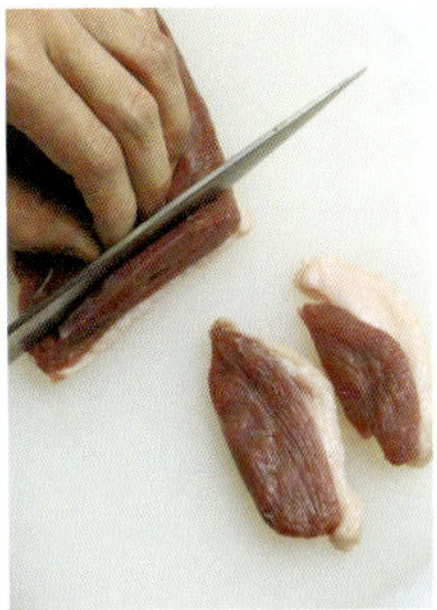

### 3 長ねぎを焼く

長ねぎは4cmほどの長さに切り、グリルかフライパンで焼き目がつく程度に焼く。

### 4 煮る

中鍋にAを入れて火にかけ、沸騰したら3の長ねぎと2の鴨肉を1枚ずつ入れる。しょうが汁を入れて鍋底にくっつかないよう木べらで時折り混ぜながら3分ほど煮る。火を止めて、そのまま10分ほどおく。

仕上げ　器に盛り粉山椒をふる。

▼冷蔵庫で約3日間保存できます。

### 組み合わせ例

- □ 土鍋ごはん（175ページ）
- □ たまご豆腐（132ページ）
- □ さけの南蛮漬け（22ページ）
- □ ふろふき大根（100ページ）

# うにパン

中華料理の、えびのペーストを挟んだトーストからヒントを得た創作料理。サクサクした揚げたてのパンと中に挟んだ冷たいうに真丈《しんじょう》という、温度と食感のコントラストを楽しんでいただきたい一品です。「近また」のカウンターで、揚げたてをお出ししているものですが、これを目当てに来てくださるお客様も多い名物メニューです。

**材料**（1人分）

サンドイッチ用薄切りパン……1枚
のり……1枚
小麦粉……適量
揚げ油……適量
うに……5腹
塩……適量

うに真丈（作りやすい分量）

A
- うに……20g
- 白身魚のすり身……200g
  ＊市販のものでよい。
- ほたて……3個（150g）
- 大和いも……100g（おろし金ですりおろす）
- 卵白（L）……1個分（35g）
- かつおと昆布のだし（P.174）……130㎖

## 1 すり混ぜる

すり鉢にAをレシピ順に入れて、その都度すり混ぜる。

## 2 パンを切る

パンを7×6㎝に切り、1を2・5㎜厚さ程度塗る。パンの半分の大きさに切ったのりをのせる。パンを半分に切って重ねる。パレットなどでうに真丈の表面をなめらかにする。

## 3 うにパンを揚げる

2の側面に小麦粉をまぶす。揚げ油を170℃の中温に熱し、表面にきれいな焦げ目がつくまで揚げる。バットにあげて油をきる。

## 4 うにパンを切る

3を3等分に切り、うにをトッピングし、塩をふる。

### 美味しさの手解き

◉ 中に挟んだうに真丈は蒸して、そのままでも美味しく食べられる。

◉ 揚げものは、油の鮮度が美味しさに直結。ここでは、新鮮な大豆油と綿実油を半量ずつブレンドして使っている。

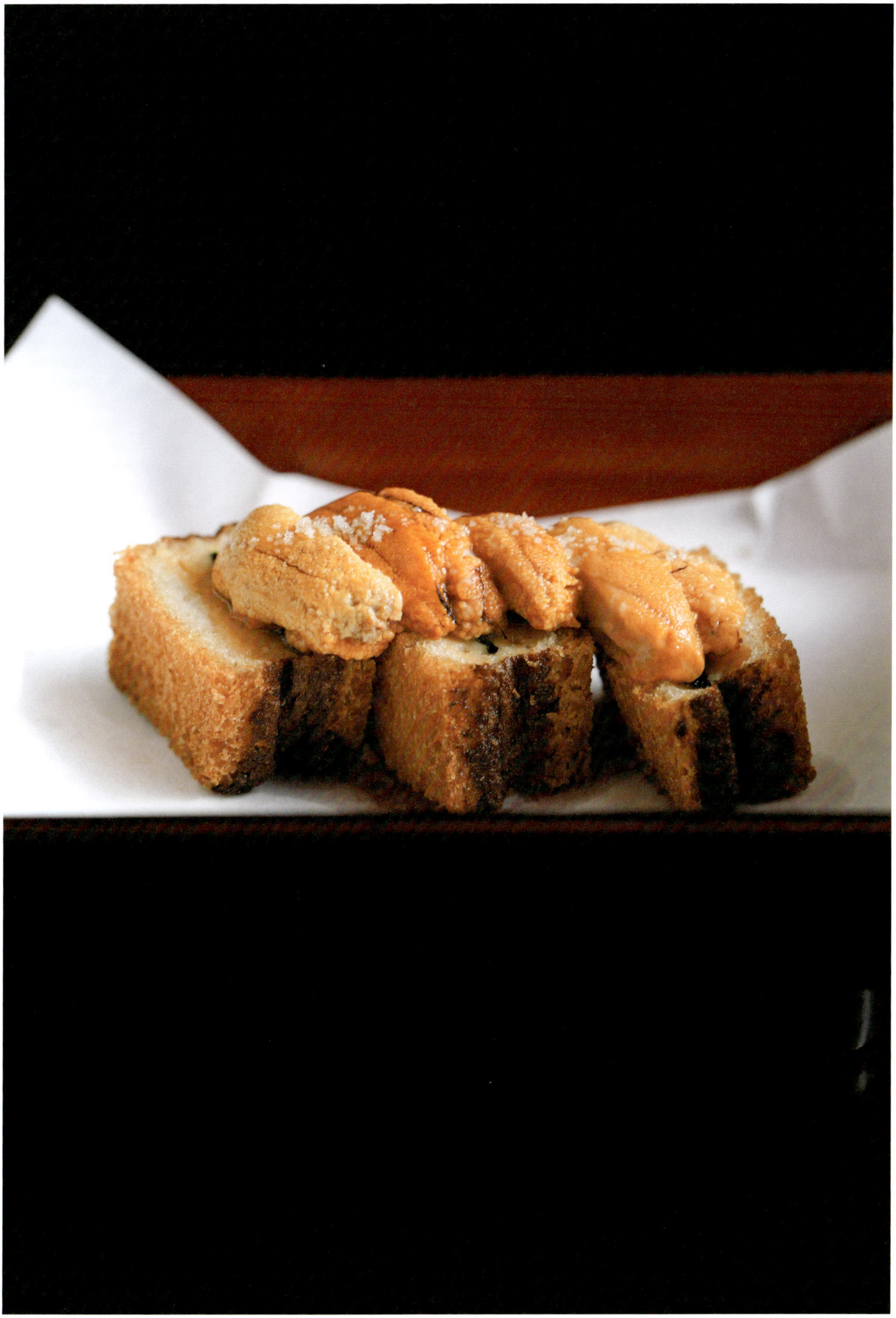

# 伊勢えびジュレがけ

伊勢えびの殻を器にして、甘くて肉厚の身を贅沢なほどたっぷりと。半生に加熱し、しょうゆベースに酸味をきかせたジュレをかけていただくハレのお料理です。

## 材料（1人分）

伊勢えび……1尾
きゅうりの皮3×1.5㎝のもの……4枚
穂じそ……適量

土佐酢ジュレ（作りやすい分量）

A
- かつおと昆布のだし（P.174）……600㎖
- 酢……100㎖
- 薄口しょうゆ……100㎖
- かつお節……10g
- しょうが……25g
  （皮付きのままおろしてしぼる）

ゼラチン……5g

### 美味しさの手解き

◉伊勢えびは暴れるので、トングでつかんでふりまわし、おとなしくさせる。けがをしないように扱いには常に気をつけてください。

◉余ったジュレは、揚げなすなどにもよく合う。

### 1 土佐酢ジュレを作る

鍋にAを入れて、ひと煮立ちさせたらペーパータオルでこし、80℃まで冷まし、ゼラチンを加えて溶かす。粗熱が取れたら保存容器に移して冷蔵庫で冷やし固める。

### 2 土佐酢ジュレを崩す

ボウルに1を入れて泡立て器で細かく崩し、泡立てるようにして空気をふくませる。

### 3 伊勢えびの殻を一部はずす

触角を切り落とし、腹と頭の間にある薄い膜に包丁を入れる。腹の脇にある遊泳肢を取り除く。外側ギリギリに包丁を入れ、尾に近い部分の殻をはずす。

### 4 ゆでてしめる

まっすぐゆであがるように、竹串を身の両脇に刺して熱湯で1分30秒ゆでて、氷水に入れてしめる。

### 5 身をはずす

殻から身をはずし、殻は熱湯で1分ゆでて色を鮮やかにする。中心に半分くらいの深さまで包丁を入れて開いて、食べやすい大きさに切り、殻の上にのせ、器に盛る。

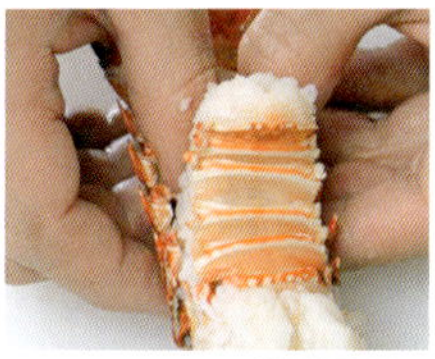

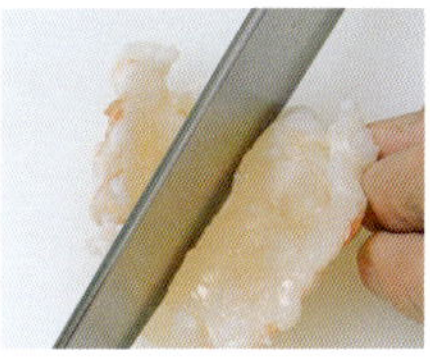

### 6 きゅうりの皮を飾り切りにする

きゅうりの皮に、上下互い違いに切り込みを入れてねじる。

**仕上げ** 5の上に、2のジュレ、6を穂じそとともにのせる。

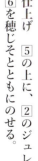

# 焼きなすのだしづけ

焼いている間、皮の中でなす自身の水分で蒸し焼きされ、うまみがギュッと凝縮。シンプルですが、美味しくするための小さなコツがいくつかあります。レシピ通り作ってみてください。

## 材料（2人分）

なす……2本（1本約100g）

A
- かつおと昆布のだし（P.174）……250㎖
- 酒……大さじ1
- ざらめ糖……大さじ1
- みりん……大さじ1/2
- 薄口しょうゆ……大さじ1と1/2

（好みで）かつお節……適量

### 1 合わせ調味料を作る

小鍋にAを入れてひと煮立ちさせたあと冷ましておく。

### 2 なすに穴をあける

**なすの先端からヘタに当たるまで竹串をしっかりと刺して抜く**（これにより、空気を逃して破裂を防ぐ効果が。ヘタを落とさないことで水分を逃さず中身が蒸し焼き状態になり、ジューシーな仕上がりになる）。

### 3 焼く

②のなすは皮ごと網の上にのせて、もしくはグリルの強火で、**全面に焦げ目がつくよう転がしながら**3分ほど焼く。竹串を刺した穴から蒸気が出てきたら中まで火が通ってきた合図。太い部分をさわってみて芯までやわらかくなっていたらよい。

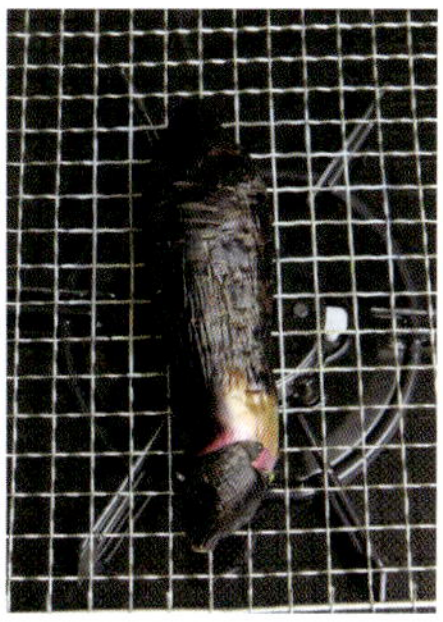

### 4 皮をむく

なすの皮が真っ黒に焦げて火が通ったら氷水にとり、**素早く皮をむく**。

### 5 合わせ調味料につける

皮をむいたなすはヘタを落とし、①で冷ましたAに3時間以上つけ、いただく前に3等分に切る。

**仕上げ** 器に盛ったら好みでかつお節を添える。しょうがのすりおろしを添えても美味しい。

▼冷蔵庫で約3日間保存できます。

**組み合わせ例**

- □ 土鍋ごはん（175ページ）
- □ ぶりの照り焼き（52ページ）
- □ 油揚げとこんにゃく、青菜の白あえ（126ページ）
- □ たまご豆腐（132ページ）

# トマトとグリーンアスパラガスとあさりの煮びたし

ふだんはサラダに使うようなトマトやアスパラガスを、あさりのだしを含ませる和風煮びたしにして楽しみます。冷やして美味しくいただけるので、夏のお料理としておすすめです。

## 材料（2人分）

あさり……10個
グリーンアスパラガス……3本（60g）
トマト……1個（160g）
しいたけ……2枚（30g）
塩……少々
サラダ油……少々
酒……100㎖

A
かつおと昆布のだし（P.174）……300㎖
みりん……大さじ2
薄口しょうゆ……大さじ2

### 美味しさの手解き

◉あさりは鍋で加熱するより、蒸し器で蒸したほうがうまみが逃げず、だし汁もしっかり残る。

◉この煮びたしは、トマト嫌いでも食べられるほどトマトが甘く美味しくなる。まさにうまみの相乗効果です。

### 1 あさりの砂出しをする

ボウルに2％程度の塩水（水1ℓ：塩大さじ1と1／2。分量外）とあさりを入れ、ふたをして2時間程度暗い場所において砂出しする。

### 2 アスパラガスをゆでる

アスパラガスは根元のかたい部分を切り落とし、はかまと、皮がかたければピーラーでむき、3等分に切る。熱湯で2分ほどゆで、冷水にとって水けをきる。蒸し器は火にかけておく。

### 3 トマトを湯むきする

トマトは底の部分に十字に切り込みを入れ、熱湯に10秒ほどつけて皮をむき、ひと口サイズに切る。

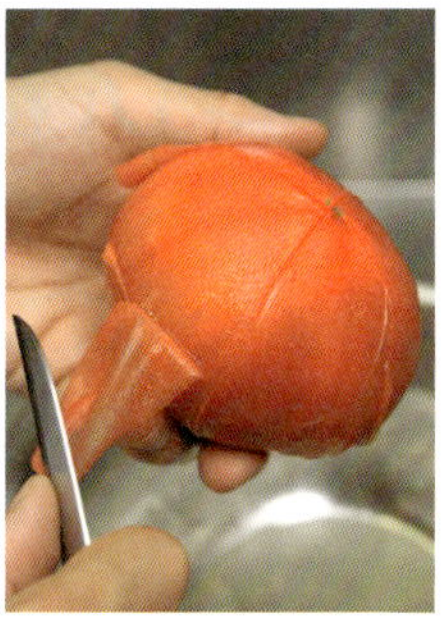

### 4 しいたけを炒める

しいたけは石づきを切り落とし、塩をふって少しおいてから、フライパンにサラダ油をひいて熱し、軽く炒める。5㎜幅に切る。

### 5 あさりを蒸す

バットにオーブンシートを敷き、1のあさりを並べ、酒をまわしかける。蒸気の上がった蒸し器にのせ、貝が開くまで2～3分蒸し、貝が開いたらすぐに取り出して身をはずす（蒸し汁は捨てない）。

### 6 混ぜ合わせる

ボウルにAと5のあさりの蒸し汁大さじ1を入れて混ぜ、アスパラガス、トマト、しいたけ、あさりの身を入れてひと混ぜする。冷蔵庫で半日以上おいて味をなじませる。

▼冷蔵庫で約2日間保存できます。

### 組み合わせ例

□ 土鍋ごはん（175ページ）
□ たいのレモン酒蒸し（70ページ）
□ 贅沢茶碗蒸し（134ページ）

# ひろうす

「ひろうす」は、「飛竜頭《ひりゅうす》」とか「がんもどき」ともいいます。
ポイントは揚げる温度です。少し手間はかかりますが、手作りの味は格別。
揚げたては雲のようにふわふわ、冷めるとしっとりとして、また別の美味しさです。

## 材料（2人分）

- 木綿豆腐……1と1/3丁（520g）
  ＊水切りして正味240g。
- きくらげ（乾燥）……3g
- にんじん（中）……約2/3本（70g）
- 大和いも……30g
- 白身魚のすり身……75g
  ＊市販のものでよい。
- たい（切り身）……50～60g
- ゆり根……20～24片
- えんどう豆（またはグリーンピース）……20～24粒
- 揚げ油……適量
- A
  - かつおと昆布のだし（P.174）……500㎖
  - 酒……大さじ2
  - ざらめ糖……大さじ2
  - みりん……大さじ1
  - 薄口しょうゆ……大さじ3

**下準備** 豆腐の水きりをする。豆腐は1本切り込みを入れ、熱湯で約1分下ゆでし、布巾で包んだら重しをして30分以上おいて水きりをする（詳細はP.127参照）。きくらげはたっぷりの水に約3時間つけてもどす。

### 1 材料を切る

きくらげとにんじんをみじん切りにする。

### 2 大和いもとすり身を混ぜる

大和いもは皮をむいてすり鉢（またはフードプロセッサー）ですりおろし、魚のすり身を加えてさらにすり混ぜる。

### 3 豆腐を混ぜる

水きりした豆腐を裏ごしし、正味240gを2のすり鉢に入れ、均一になるまですり混ぜる。

### 4 具材と生地を混ぜる

3に1のきくらげとにんじんを入れ、木しゃもじで混ぜ合わせたら、10～12等分に分けて、ぬらしたオーブンシートを敷いたバットに並べていく（スプーンを2本使うと落としやすい）。

### 5 具材を包む

たいは4で分けた個数に合わせて等分に切る。手にサラダ油を塗り、タネを手に取り、たい、ゆり根、えんどう豆を同量ずつ、軽くおさえるようにしてのせ丸く包む。

### 6 揚げる

揚げ油を一度160℃まで熱したあと、火を止めて130℃まで下げ、5をそっと入れる（5を1つ入れ、下に沈んで小さな泡が出るのが揚げるタイミングの目安）。3～4分してタネが1～2個浮いてきたら強火にして油の温度を上げ、常に生地が底につかないよう静かに混ぜながらこんがりきつね色になるまで揚げ、バットにのせて油をきる。

### 7 煮る

小鍋にAを入れて火にかけ、沸騰したら油をきった6を入れ、中火で3分ほど煮る。

▼冷蔵庫で約3日間、冷凍庫で約7日間保存できます。

**美味しさの手解き**

- ●長いもで作る場合は、大和いもに比べて水分が多いので豆腐の水切りをしっかりすること。
- ●豆腐の水切り方法詳細はP.127参照。
- ●具材はひじき、えび、たけのこなどにかえても美味しい。
- ●魚のすり身が売っていなかった場合、あじやたい、たらなどの青魚か白身魚をできるだけ細かくたたいてからすり鉢でする。
- ●揚げたものは、冷凍保存ができるので、多めに作っておくと便利。

# ほたてとわけぎの酢味噌あえ

ぷりぷりしたほたてと丁寧にぬめりを取ったわけぎをあえた上品な味わいのあえものです。お雛《ひな》様の時期やおもてなしの席には、ひし形に切ったにんじんなどを飾ります。

## 材料（2人分）

わけぎ……2本
ほたて（生食用）
……小2個（60g）

A
- 白味噌……100g
- 上白糖
……大さじ2(15g)
- 酢……大さじ1
- 練りからし……適量

（あれば）絹さや（飾り用）
……1枚
（あれば）大根（飾り用）
……適量
（あれば）にんじん(飾り用)
……適量

### 1 わけぎを切る

わけぎは熱湯で約1分さっとゆで、冷水にとり水けをふく。包丁の背でしごいて内側のぬめりを取ったら5cmの長さに切る。

### 2 ほたてを焼く

ほたてに厚みがある場合は半分の厚さに切る。フライパンを熱し、ほたての表面をさっと焼き、焦げ目をつける。

### 3 あえる

Aをよく混ぜ合わせ、1と2をあえる。

**仕上げ**　絹さやと薄切りにした大根、にんじんをさっとゆでてひし形に切って飾る。先に絹さやを切り、それに大きさをそろえると美しい。

**美味しさの手解き**

◉ほたてのほか、とり貝や赤貝、いかでも美味しい。

◉油揚げの細切りを入れてもよい。

# ほたるいかとオレンジの土佐酢あえ

春から初夏にかけて美味しいほたるいかをオレンジと合わせたおしゃれな酢の物です。ほたるいかは、からし酢味噌（P.38）とあえても美味しいです。

## 材料（2人分）

ほたるいか（ボイル）……大6匹
オレンジ……5房
大根……約4㎝（70g）
なす……1/2本（60g）
塩……少々

A
- かつおと昆布のだし（P.174）……300㎖
- 酢……50㎖
- 薄口しょうゆ……50㎖
- しょうがのしぼり汁……1片分（15g）

かつお節……5g
（あれば）木の芽（飾り用）……適量

### 美味しさの手解き

◉ほたるいかのほか、新鮮な魚介類ならなんでも。オレンジは夏みかんでも美味しい。

**1 土佐酢を作る**
Aを小鍋に入れて中火にかけ、沸騰したらかつお節を入れて煮汁が2／3になるまで煮詰める。ペーパータオルを敷いたザルでしっかりこし、冷ましておく。

**2 オレンジの身を房から出す**
オレンジは芯を切り落としたら背の部分に包丁を入れて薄皮をむく。

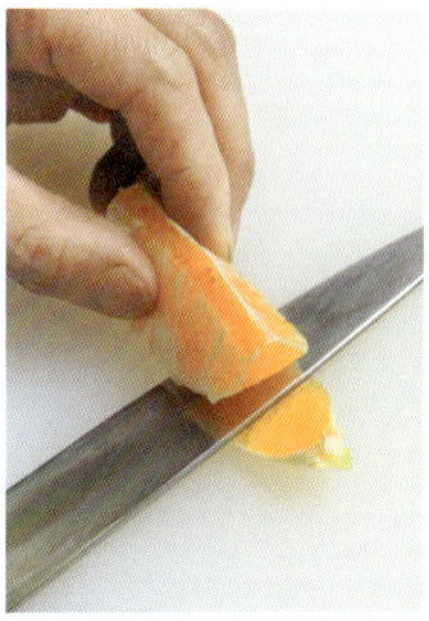

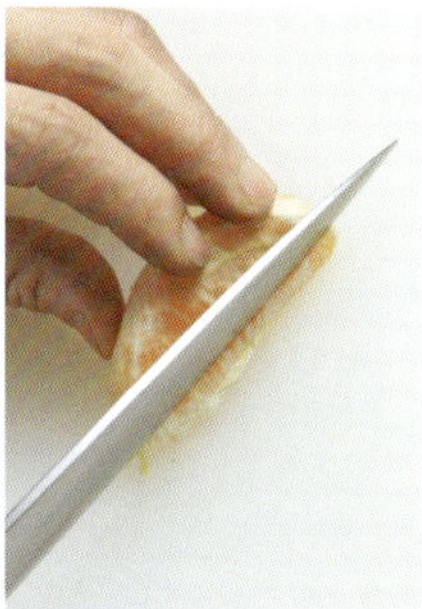

**3 野菜を切る**
大根は皮をむいて1㎝幅の拍子木切りに、なすはヘタを取り、縦6等分に切る。

**4 野菜をゆでる**
大根は水からゆで、沸騰してから約5分かためにゆでる（透き通ってきたら火を止める）。なすは塩を入れた熱湯で3分ゆで、冷水にとり、水けをしぼる。

**5 ほたるいかの下処理**
ほたるいかを水洗いし、骨抜きで目と口と軟骨を取り除く。

**6 あえる**
すべての材料を1の土佐酢であえる。器に盛り、あれば木の芽を散らす。

# 柿のあいまぜ

こりこりした塩くらげと、甘くて濃厚な柿の食感との対比を楽しめるあえものです。柿は熟したものでも、まだ若いものでも、どちらもそれぞれ違った美味しさがあります。

## 材料（2人分）

柿……約2/3個強（100g）
きゅうり
……約2/3本強（70g）
大根……約2cm（70g）
塩くらげ……30g
木綿豆腐
……1/3丁（100g）
※裏ごしして正味50g。
白煎りごま……20g
A
上白糖……小さじ1/2
塩……少々
薄口しょうゆ……少々

## 下準備

塩くらげはひと晩水につけて塩抜きする。

**1 柿と野菜を切る**

柿は皮をむき、半分に切って種を除く。きゅうりは縦半分に切り、種を取り除く。大根は皮をむく。それぞれ4cmの拍子木切りにする。

**2 塩くらげを切る**

塩くらげの水けをふいて3cmの長さに切る。

**3 豆腐を裏ごしする**

豆腐はP.127を参照して表面に1本切り込みを入れ、熱湯で約1分下ゆでする。ふきんで包み、重しをして30分以上おいて水きりをする。裏ごしして50gにする。

**4 あえる**

すり鉢でごまをすり、3の豆腐とAを加えてよく混ぜ合わせ、1、2の具材とあえ白煎りごまを適量（分量外）かける。

▼冷蔵庫で約3日間保存できます。

# たけのこの土佐あえ

たけのこに、追いがつおをしてしっかり味をつけて、さらに粉かつおをまぶした土佐あえは、日本人ならついつい お箸がのびる、春の定番。かつおの風味が、たけのこのえぐみをやわらげ、食欲をそそります。

▼冷蔵庫で約3日間保存できます。

**材料**（2人分）

下ゆでしたたけのこ（P.183）……240g
＊市販の水煮でもよい

A
- かつおと昆布のだし（P.174）……250㎖
- 薄口しょうゆ……大さじ1と1/2
- ざらめ糖……大さじ1
- みりん……大さじ1
- 酒……大さじ1

かつお節……3g
粉がつお……3g
（あれば）花山椒（飾り用）……適量

**1 ゆでたけのこを切る**
たけのこの根元は約1㎝厚さの輪切りにし、片面に格子状に隠し包丁を入れる。先端のほうはくし形に切る。

**2 炊く**
中鍋にAを入れて火にかけ、沸騰したら1のたけのこを入れて中火で約3分炊く。ペーパータオルなどにかつお節を包み、鍋に入れ追いがつおをしてから、さらに2分炊き、そのままおいて冷ます。

**仕上げ** 食べる直前に2を温め直し、水分をかるくきる。バットに粉がつおを敷いてまぶし、器に盛り、あれば花山椒を飾る。

**美味しさの手解き**

◉粉がつおではなく、糸かつおを添えてもよい。

◉たけのこを炊いた煮汁でわかめも炊き、器に添えて若竹煮にしてもよい。

# 季節の土鍋炊き込みごはん

土鍋で炊き込む、具材たっぷりのごはんは、それだけでごちそうです。近又でも、かやくごはんは大変人気です。ポイントは、火の通り加減が同じになるよう具材を同じ大きさで切ることです。おにぎりにしても美味しいです。

## 美味しさの手解き

◉土鍋により火の入り具合が異なるので、様子を見ながら火加減や炊き時間を調整する。ここでは、直径 21㎝、厚さは 2㎝ある厚手の信楽焼の土鍋を使用。これよりも薄手の土鍋で炊く場合は、炊く時間を数分短くして様子を見るといいでしょう。

## 材料（2人分）

米……2合
鶏もも肉……120g
油揚げ……60g
にんじん……40g
しいたけ……40g
A
かつおと昆布のだし（P.174）……400㎖
酒……大さじ1
塩……小さじ1
みりん……小さじ2
濃口しょうゆ……大さじ1
ごぼう……40g

### 1 米をとぐ

米をボウルに入れ水をたっぷり注いだら、ひと混ぜし、すぐに水を捨てる。手のひらの付け根を使い、力を入れすぎないよう、かるく押しながらとぐ。

### 2 米を洗う

水が濁ってきたら水をかえ、水がほんのり濁る程度になるまで洗う。

### 3 水けをきる

2をザルにあげて真ん中をくぼませたらそのまま30分ほどおいて水けをきる。といだ米をザルにあげる際、真ん中をくぼませることで、早く、均一に水をきることができる。

### 4 具材を切る

油揚げに熱湯をまわしかけて油抜きをし、1㎝角に切る。鶏肉はひと口大に、にんじんとしいたけは5㎜幅に切る。ごぼうはささがきにする。

### 5 調味液につける

ボウルに3の米とAを入れ4の具材も加えて20分おく。土鍋に移す。

### 6 炊く

5のふたをしたら強火にかける。噴きこぼれてきたらしゃもじで底から返すように混ぜ、すぐにふたをし、弱火で7分炊く。火を止めて20分ほど、そのまま蒸らす。

## 炊飯器で炊く場合は？

炊飯器で炊く場合は、炊飯時間は炊飯器にまかせて、とぎ方や作り方、具材の分量などは同じで大丈夫です。

# たいのみぞれ汁

たいの汁物に大根おろしを加えた、食べごたえのある椀物《わんもの》です。葛でつけたとろみには、大根おろしを沈ませない役割もあります。

**材料**（2人分）

たい……100g
（50g×2切れ）
塩……少々
かつおと昆布のだし
（P.174）……250㎖
A 酒……大さじ1
A 塩……ひとつまみ
A 薄口しょうゆ……1〜2滴
大根……50g
葛粉……小さじ1
ゆずの皮（飾り用）……適量

**1 具材の下ごしらえをする**

たいに軽く塩をふって少々おき、熱湯で3分ゆでてお椀に入れる。大根は皮をむいてすりおろしておく。

**2 つゆを作る**

小鍋にだしを入れて火にかけ、沸騰したらAを加えて大根おろしを加える。

**3 葛を溶く**

葛粉を同量の水で溶き、沸騰した2に加えて混ぜながらとろみをつける。

**仕上げ** ゆずの皮を小さなあられ切りにする。1のお椀に3を注いだら、あられゆずをふりかける。

# はまぐりのお吸い物

春のお雛祭りのころには、ぜひ作ってほしい季節の椀物。はまぐりのだしと昆布だしとの割合は1：5が目安です。

**材料**（2人分）

はまぐり……4個
酒……100㎖
水……100㎖
A
- かつおと昆布のだし（P.174）……250㎖
- 塩……少々
- 薄口しょうゆ……小さじ1/2
- しょうがのしぼり汁……少々

みつば（飾り用）……適量

**1 はまぐりに火を入れる**
中鍋に酒と水、はまぐりを入れて、はまぐりの殻が開くまで中火にかける。

**2 こす**
お椀にはまぐりを入れたら、ボウルにザルとペーパータオルを重ね、1の汁をこす。

**3 つゆを作る**
小鍋に2のだし50㎖とAを入れて火にかけ、ひと煮立ちさせる。みつばは熱湯にさっとくぐらせて冷水にとり、結ぶ。

**仕上げ** 3のつゆをお椀に注いでみつばを飾る。

**美味しさの手解き**

◉昆布のグルタミン酸、かつおのイノシン酸、貝のコハク酸、3つのうまみの相乗効果で最高に美味しい贅沢な椀物に。

# ちりめん山椒

近又の人気お土産品でもある「ちりめん山椒」をみなさまにもぜひ作っていただきたいと思い、レシピを公開いたします。
ほかほかごはんのおともに、ぜひどうぞ。

**材料**（作りやすい分量）

ちりめんじゃこ……50g
しょうがのせん切り……10g
A
かつおと昆布のだし（P.174）……250㎖
酒……25㎖
ざらめ糖……60g
薄口しょうゆ……35㎖
濃口しょうゆ……35㎖
実山椒の佃煮（左下）……1〜2g
＊市販品でも可。

**1 じゃこを煮る**

小鍋にAを入れて火にかけ、沸騰したら、ちりめんじゃことしょうがを入れて弱めの中火にし、煮汁がふつふつとする状態の火加減に調整する。

**2 実山椒を加えて煮る**

1に実山椒の佃煮を入れ、ときどき混ぜながら7〜10分、煮汁が少し残る程度になるまで煮詰める（煮汁が少なくなってきたら鍋から目を離さず、混ぜながら仕上げる）。火を止めてそのままおいて冷ます。

▼冷蔵庫で約1カ月間保存できます。

**実山椒の佃煮（保存用）**

実山椒の枝を取ったもの250gを熱湯で約2分ゆでて、ザルにあげ水けをきる。中鍋に濃口しょうゆ100㎖と酒大さじ2強を入れ、沸騰したら実山椒を加えて中火で煮汁がなくなるまで煮詰める。

**美味しさの手解き**

◉じゃこは塩けが強すぎないものを選ぶ。

# 二章

# 魚

和食のメインおかず
といえば魚料理。
煮る、焼く、揚げる、
蒸すと多彩な調理法での
美味しい食べ方、
ご紹介します。

# さばの味噌煮

煮魚というと、手間がかかるというイメージを抱きがちですが、合わせ調味料で約15分煮るだけと、実はとても簡単です。脂ののった新鮮な旬のさばで、ぜひ作ってみてください。

## 材料（2人分）

- さば（切り身）……160g（80g×2切れ）
- A
  - 水……200ml
  - 酒……100ml
  - みりん……100ml
  - こうじ味噌……50g
  - 濃口しょうゆ……大さじ1と1/3
- 長ねぎの白い部分……5cm

### 1 さばに化粧包丁を入れる

さばの切り身を半分に切り、皮目にばってんの切り目（化粧包丁）を入れる。こうすることで皮が縮むのを防ぎ、火の通りもよくなり、味もしみ込みやすくなる。

### 2 合わせ調味料を温める

中鍋にAを入れて火にかけ、沸騰したら1のさばを入れる。

### 3 さばを煮詰める

中火で約15～18分煮詰める。ときどき煮汁をかけながら、とろみがついたら火を止めてそのまま冷ます。

**仕上げ**　長ねぎを縦半分に切り、一枚ずつほぐして裏側についている薄皮を取り（ねぎの辛みがやわらぐ）、重ねてごく細いせん切りにして白髪ねぎを作る。器に温めた3を盛り、白髪ねぎをのせる。

### 美味しさの手解き

- ●さばをふんわり仕上げるためにも、火を通しすぎないこと。
- ●味噌の味はさまざまなので、しょうゆの分量は味をみながら加減してください。塩辛いようであれば白味噌を合わせてもよい。

### 組み合わせ例

- □土鍋ごはん（175ページ）
- □柿のあいまぜ（40ページ）
- □かき揚げ（141ページを参照して作る）
- □切り干し大根の炊いたん（120ページ）

# ぶり大根

薄口しょうゆと濃口しょうゆ、そして片栗粉の絶妙な配合でしっかり味をつけ、とろりと美しく仕上げた一品です。ぶりの掃除や大根の面取りなど、小さなひと手間で味も見た目もワンランク上のお料理に。

## 材料（2人分）

ぶり（切り身）……120g（60g×2切れ）
大根……1/4本（約200g）
A
- かつおと昆布のだし（P.174）……500㎖
- 酒……大さじ2
- ざらめ糖……大さじ2
- みりん……大さじ1
- 薄口しょうゆ……大さじ2
- 濃口しょうゆ……大さじ1

水溶き片栗粉……大さじ2（片栗粉大さじ2：水大さじ2）
ゆずの皮（飾り用）……適量

### 1 ぶりをきれいにする

ぶりは熱湯にさっとくぐらせたら、冷水にとって汚れやウロコを洗い流す（このひと手間で、ぶりの生臭さを除くことができる）。

### 2 大根を切る

大根は2㎝幅の輪切りにし、皮をむいて半分に切り、**面取り**する（面取りすると煮崩れしない）。

### 美味しさの手解き

◉煮汁にとろみをつけると具に味がからみやすいので、即席の煮込み料理にはおすすめ。

### 3 大根を下ゆでする

中鍋に大根を入れ、大根がかぶるまで水を注いで火にかけ、沸騰してから約20分、7割程度までゆでる。竹串を刺して中心に当たる程度のかたさがポイント。

### 4 大根を煮る

別の中鍋にAを入れて煮立ったら1のぶりと3の大根を入れ、中火で約10分煮る。**仕上げに水溶き片栗粉をまわし入れ**、素早く全体を混ぜ合わせながら煮汁にとろみを加えて火を止める。

**仕上げ**　ゆずの皮をせん切りにし、器に4を盛って添える。

▼冷蔵庫で約3日間保存できます。

### 組み合わせ例

- □土鍋ごはん（175ページ）
- □トマトとグリーンアスパラガスとあさりの煮びたし（34ページ）
- □焼きなすのだしづけ（32ページ）

# ぶりの照り焼き

今や、世界的に愛される料理法となった照り焼き。ここは、薄口を使わず濃口しょうゆだけで、色濃く甘辛くしっかりした味に。山椒をふって、少し大人っぽくピリリと仕上げました。

## 材料（2人分）

ぶり（切り身）
……120g（60g×2切れ）
伏見唐辛子……4本
A
酒……100㎖
濃口しょうゆ……50㎖
上白糖
……大さじ約5と1/2（50g）
片栗粉……適量
サラダ油……大さじ1
粉山椒……少々

**1 片栗粉をまぶす**
ぶりに片栗粉をまぶす。

**2 焼く**
フライパンを熱し、サラダ油をひいて油をなじませたら、1のぶりを入れ、中火でふたをしてうっすら焦げ目がつくまで両面焼く。途中伏見唐辛子を入れてかるく火を通す。

**3 煮詰める**
2にAを加え、煮汁をからめながら中火で約2分とろみが出るまで煮詰める。

**仕上げ**　器に3を盛り、粉山椒をふる。

▼冷蔵庫で約3日間保存できます。

### 美味しさの手解き

◉ますなどの魚のほか、鶏肉で作っても美味しい。左の写真は鶏肉の照り焼きです。また付け合せの伏見唐辛子は万願寺唐辛子やしし唐辛子にかえてもOK。

◉お子さん用には、山椒をふらなくても。

# ぶりの味噌幽庵《ゆうあん》焼き

しょうゆとみりんで焼く幽庵焼きと、西京味噌（白味噌）で焼く西京焼きをいいとこ取りで合わせた料理が、味噌幽庵焼きです。冷めても身がやわらかいのでお弁当などにも活用できます。

**材料**（2人分）

ぶり（切り身）……120g（60g×2切れ）

A
- 白味噌……大さじ2と1/2（50g）
- みりん……50㎖
- 濃口しょうゆ……大さじ2
- 酒……大さじ1

### 美味しさの手解き

◉魚はさばやあじ、さけ、さわらなどでも美味しく作れる。

◉アルミ箔はあらかじめシワをつけてから包むと味噌だれがアルミ箔につきにくい。

### 1 ぶりをつける

バットにAを入れて混ぜ合わせ、ぶりを入れて全体に塗る。ラップなどをして一日冷蔵庫でつけておく。

### 2 焼く

1の味噌をかるくぬぐい、アルミ箔で包みグリルに入れる。中火で約5分、裏に返して3分焼いたらアルミ箔を開き、両面を各2分ずつ焼いて焼き目をつける（両面グリルならアルミ箔に包まず弱火で約8分焼く）。

▼味噌につけたまま冷蔵庫で約3日間保存できます。この味噌はあと2回は使えます。

# まぐろのしょうゆ焼き

美味しさの秘訣は、しっかり焼かずレアに焼くこと。
また、熱々のごはんにたたいた長いもと一緒にのせ、
つけだれをかけ、長ねぎとしょうがを添えて丼にしても美味しいです。

**材料**（2人分）

まぐろ（さく）……100g
A
- 酒……50㎖
- みりん……100㎖
- 濃口しょうゆ……150㎖

**1 まぐろをつける**

まぐろは大きめのひと口大に切る。バットに並べたらAを混ぜ合わせて注ぎ入れ、表面が乾かないよう**ペーパータオルをかぶせて**30分ほどおく。途中、1～2回上下を返す。

**2 焼く**

1の汁けをかるくきり、熱したフライパンに並べる。強めの中火にし、焦げ目がついたら上下を返して、**中がレアに仕上がるように全面をさっと焼きつける**。

**美味しさの手解き**

◉まぐろのほか、かつおでも美味しい。
◉フライパンはフッ素樹脂加工のものを使用。通常のフライパンの場合は油少々を熱してから焼くとよい。

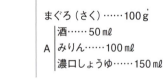

# たらのとろろ蒸し

優しい味のたらに、ふわふわの雲のような長いも餡《あん》をのせ、だしのきいた葛餡をとろりとかけていただく、繊細な一品。おもてなしにも活躍する本格料理ですが、とても簡単に作れます。

**材料**（2人分）

生だら（切り身）……100g
長いも……50g
卵白……1/2個分
A
- 塩……少々
- 薄口しょうゆ……1～2滴

万能ねぎ……1本
しょうが……適量

葛粉……大さじ1と1/2
B
- かつおと昆布のだし（P.174）……300㎖
- 酒……大さじ1
- 塩……ひとつまみ
- 薄口しょうゆ……2滴

**美味しさの手解き**

◉生だらのほか、甘だいやめばるでも美味しい。

◉ボウルは必ず水けをふいておかないとメレンゲになりにくい。

**1 たらに塩をふる**

たらは皮を取り除き、半分に切り、かるく塩（分量外）をふって10分ほどおく。

**2 長いも餡を作る**

蒸し器を火にかける。長いもは皮をむいてすりおろす。ボウルに卵白を入れて角が立つほどしっかりと泡立て、もっちりとしたメレンゲができたら、長いもとAを入れて泡立て器で混ぜる。

**3 たらを蒸す**

1のたらを器にのせ、2をかける。蒸し器に入れ、強火で約7分蒸す。

**4 葛餡を作る**

葛粉を同量の水で溶く。小鍋にBを入れて火にかけ、沸騰したら弱火にし、溶き葛を入れて素早くかき混ぜ、とろみがついたら強火で30秒混ぜる。

仕上げ　万能ねぎは小口切りに、しょうがはすりおろす。蒸し上がった3に4の葛餡をかけ、万能ねぎとしょうがを添える。

# いわしの梅煮

心身の健康によいＤＨＡをたっぷり含んだいわし料理は、旬の季節に何度も作りたいメニューです。梅の香りがいわしのくせを和らげてもくれます。

## 材料（2人分）

いわし……10尾（400g）
A
- 水……200㎖
- 酒……200㎖
- ざらめ糖……大さじ2と1/2
- 濃口しょうゆ……大さじ3

しょうがのせん切り……15g
梅肉……1個分（20g）

### 美味しさの手解き

◉いわしのほか、さんまでも美味しい。

◉梅干はしそ梅干、うす塩味が理想。なるべく果肉の多い梅干を選ぶ。

◉いわしの量を増やし、重ねて煮る場合は、さいた竹皮を間に敷くと、くっつきを防ぐことができる。

### 1 いわしの内臓を除く

包丁の刃で尾から頭にかけてなでるようにしてウロコを取る。胸ビレの下から斜めに包丁を入れて頭を切り落とす。腹の部分から肛門まで切れ目を入れ、内臓を包丁の刃でかき出す。

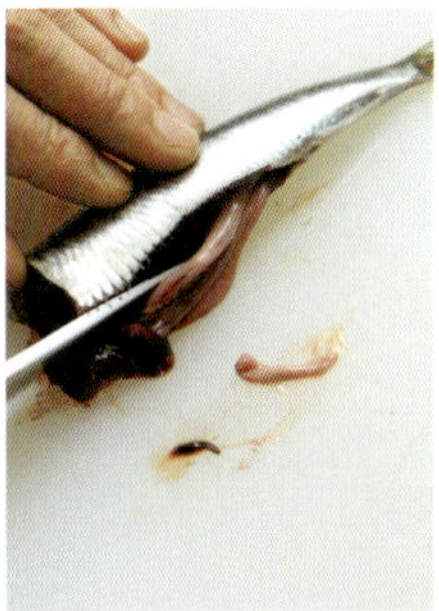

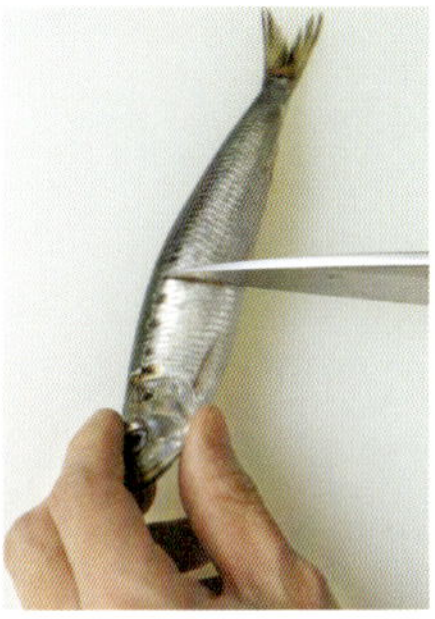

### 2 腹の中をきれいにする

いわしの腹の中をよく水洗いし、ペーパータオルで腹の中の汚れが残らないように丁寧に水けをふく。

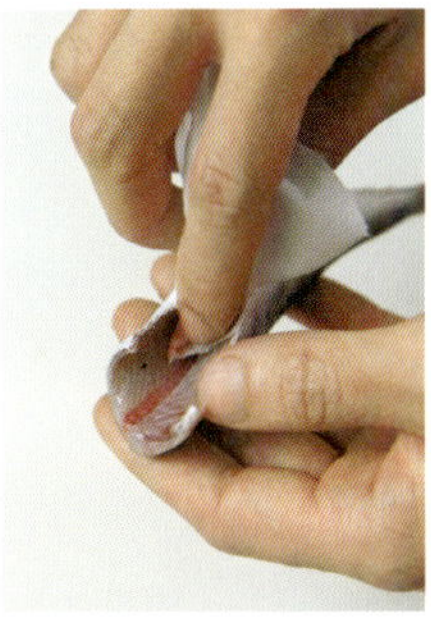

### 3 いわしを煮る

中鍋にAを入れて火にかけ、沸騰したら2のいわし、しょうがのせん切り、つぶした梅肉を入れる。

### 4 落としぶたをして煮る

再度沸騰したら中心に穴をあけたアルミ箔で落としぶたをし、中火で約10分、煮汁が1／4程度になるまで煮る。仕上げに、スプーンで煮汁をからませるとよい。火を止めて、そのまま冷ます。

▼冷蔵庫で約3日間保存できます。

### 組み合わせ例

□土鍋ごはん（175ページ）
□焼きなすのだしづけ（32ページ）
□じゃがいもとえびのみどり酢あえ（112ページ）
□鶏肉の酒蒸し（82ページ）

# かれいの煮付け

ふんわりやわらかく炊き上がった淡泊なかれいの白身に
甘めの煮汁がほどよくからみます。くれぐれも、火は入れすぎないこと。
魚の臭みをやわらげるしょうがは、必ず入れてくださいね。

### 材料（2人分）

かれい……1尾（260g）
しょうが……2/3片（10g）
A
水……250㎖
濃口しょうゆ
……大さじ1強
ざらめ糖
……大さじ1強（12g）
酒……大さじ1
みりん……大さじ1

## 1 かれいの下ごしらえをする

かれいは胸ビレの下に斜めに包丁を入れて頭を切り落とす。身を半分に切り、横に1～2本の切り目（化粧包丁）を入れる。こうすることで皮が縮むのを防ぎ、火の通りもよくなり、味もしみ込みやすくなる。

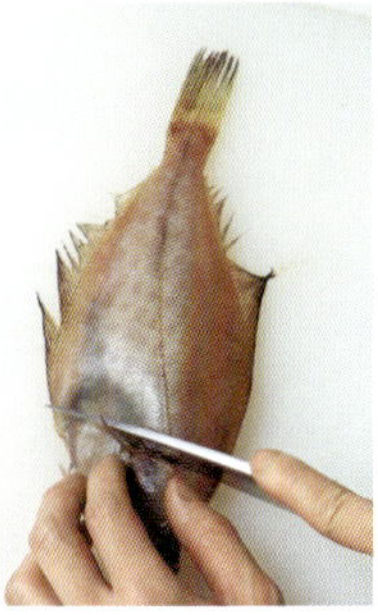

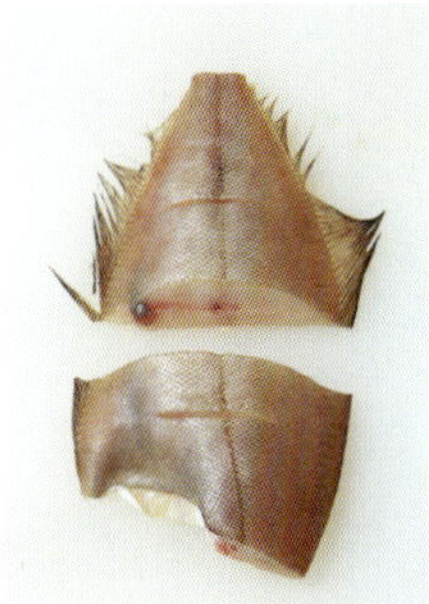

## 2 かれいを煮る

しょうがは皮をむいて薄切りにする。中鍋にAを入れて火にかけ、沸騰したら1のかれいとしょうがを入れる。再度沸騰したら中心に穴をあけたアルミ箔で落としぶたをし、弱めの中火で約10分煮る。途中スプーンで煮汁をかけながら煮汁をからませる。仕上げにみりんを入れ、とろみがついて煮汁が1／3くらいになったら火を止めて、しばらくそのままおく。

▼冷蔵庫で約3日間保存できます。

### 組み合わせ例

- □ 土鍋ごはん（175ページ）
- □ 煮汁で炊いたおから（下記）
- □ たこと長いもとオクラの酢の物（72ページ）
- □ たまご豆腐（132ページ）

## 余った煮汁でおからを炊く

煮物を作ったときに余った煮汁を最後まで使い切ります。もちろん、どんな煮物の煮汁でも美味しいです。

### 材料（作りやすい分量）

おから……適量
余った煮汁…適量
砂糖・濃口しょうゆ…各適量

**作り方** おからをから炒りして、しっかり水分をとばす。余った煮汁を温めなおし、そこにおからを入れ、煮汁を吸わせるように炒める。砂糖と濃口しょうゆで味を調節する。残しておいた複数の煮汁をまぜて使ってもよい。にんじんやしいたけやこんにゃく、鶏肉などが残っていたら一緒に炊くと美味しい。

# たこのやわらか煮

口の中で、とろけるように感じるほどやわらかな煮だこは、まさに絶品。圧力鍋で煮るとよりやわらかくなるのでおすすめです。必ず生だこで作ってください。

**材料**（2人分）

たこの足（生）……230g
米ぬか……100g
小豆（乾燥）……10g
A
- かつおと昆布のだし（P.174）……200㎖
- 酒……50㎖
- ざらめ糖……大さじ1弱（10g）
- 濃口しょうゆ……大さじ1

（あれば）ゆずの皮（飾り用）……適量

**下準備**　蒸し器にボウルを入れて火にかける。

## 1 たこにぬかをまぶす

たこ全体に米ぬかをまぶし、指を使ってしっかりすり込みながらぬめりや吸盤の汚れを取る。（吸盤に汚れが多いので、米ぬかをすり込んだら、吸盤をまな板にこすりつけるようにする）。

## 2 足をたたく

[1]を冷水で洗い、足先の細い部分を切り落としたら足を1本ずつ切り分ける。それぞれラップでくるみ、すりこ木などでやさしくたたいて繊維をつぶす。このとき、吸盤側を上にせず、側面にし、吸盤を直接たたかないようにすること。

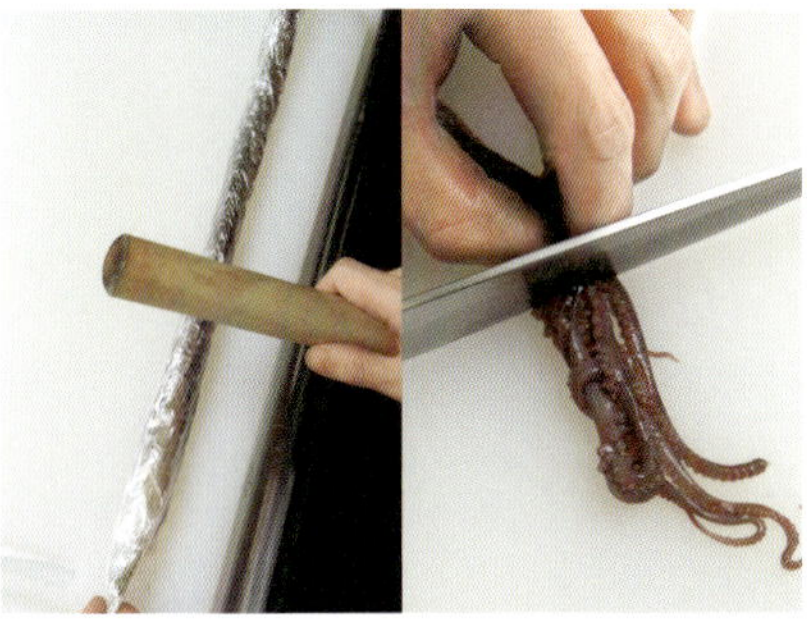

## 3 たこに下味をつける

中鍋にAを入れて火にかけ、沸騰したら[2]のたこと小豆を入れ、再度沸騰したら火を止める。

## 4 たこを蒸し煮する

[3]をすばやく煮汁ごと蒸気の上がった蒸し器のボウルに移し、強火で約1時間蒸す（空炊きにならないよう注意する）。

**仕上げ**　ゆずの皮をせん切りにする。[4]のたこを食べやすい大きさに切り、煮汁とともに器に盛り（小豆は入れない）、ゆずの皮を添える。

### 圧力鍋を使うともっとやわらかく！

**作り方 3 4 を変更**

圧力鍋にAのだし、酒、[2]のたこ、小豆を入れ、ふたをして強火にかけ、圧力がかかったら中火にして約20分加熱する。火を止めて圧が抜けたら、Aのざらめ糖と濃口しょうゆを加え、さらに20分圧力鍋にかける。

### 美味しさの手解き

- ●すりこ木などでたたくときは、力を入れすぎず、たこの足を伸ばすようなイメージで。
- ●小豆を入れて炊くと、たこが美しい色合いになる

### 組み合わせ例

- □ 土鍋ごはん（175ページ）
- □ なすの揚げびたし（104ページ）
- □ マスカットのごま酢あえ（116ページ）
- □ たいそうめん（68ページ）

# えび真丈《しんじょう》のれんこん挟み揚げ

シャクシャクした食感のれんこんと、もっちりしたえび餡《あん》を香ばしく揚げた食べごたえのある一品。美味しく作る秘訣は、低温でじっくり揚げること、そして揚げる前に下味をつけることです。ビールや日本酒のおともに。

**材料**（2人分）

えび（殻付き）……約4尾（100g）
しいたけ……2枚（30g）
れんこん……3㎝（60g）
A
- かつおと昆布のだし（p.174）……125㎖
- 酒……大さじ1/2
- ざらめ糖……大さじ1/2
- みりん……大さじ1/4
- 薄口しょうゆ……小さじ2

B
- 片栗粉……小さじ1
- かつおと昆布のだし（p.174）……大さじ2
- 卵白……大さじ1

塩……少々
薄口しょうゆ……少々
小麦粉……適量
揚げ油……適量
しし唐辛子（飾り用）……適量
（好みで）藻塩……適量

**美味しさの手解き**

◉れんこんに小麦粉をつけすぎないように。衣が重くなるとやぼったい味に。

**1 食材の下ごしらえをする**

えびは殻をむいて背ワタを取り粗みじんに、しいたけは石づきを切り落としてみじん切りにする。れんこんは皮をむいて5㎜厚さに切り、さらに食べやすい大きさに切る（ここでは半月切りに）。酢水（水200㎖：酢小さじ1。分量外）に約10分つけてアク抜きをする。

**2 食材に下味をつける**

中鍋に水けをきった1のれんこんとAを入れ、ひと煮立ちさせ、火を止めて、そのままおく。ボウルに1のえびとしいたけ、Bを入れ、ゴムべらでよく混ぜ合わせて粘りが出てきたら塩と薄口しょうゆで味を調える。

**3 れんこんで餡をはさむ**

2のれんこんの水けをふき取り、**ハケなどで小麦粉を全体にまぶす**。2の餡を適量のせ、別のれんこんで挟む。すべてを挟み終えたら**冷蔵庫で30分以上ねかせる**（ねかせることで味がなじみ、餡が固まるので揚げやすくなる）。

**4 揚げる**

3全体に薄く小麦粉をまぶし、160℃の低温に熱した揚げ油に入れ、約4分揚げる。しし唐辛子も中火で約30秒素揚げする。好みで藻塩をつけていただく。

# しじみのしょうが煮

しじみの簡単佃煮です。甘辛く煮詰めたしじみは、お酒のあてやごはんのお供にもピッタリです。しょうがのきかせ具合はお好みで。

**材料**（2人分）

しじみ（むき身）……150g
A
- かつおと昆布のだし（P.174）……大さじ2
- 酒……大さじ2
- ざらめ糖……大さじ1と1/2
- みりん……大さじ2
- 濃口しょうゆ……大さじ3

しょうが……2/3片（10g）

**美味しさの手解き**

◉しじみのほか、あさりでも美味しく作れます。

▼冷蔵庫で約7日間保存できます。

**1 しじみの臭みを抜く**

ザルにしじみをのせ、熱湯をまわしかける。

**2 しじみを煮詰める**

しょうがは皮をむいてせん切りにする。小鍋にAを入れて火にかけ、沸騰したら1のしじみとしょうがを加え、中火で約15分、混ぜながら汁けが少し残る程度に煮詰める。焦げやすいので、鍋から離れず混ぜながらじっくり味をしみ込ませること。

# あじのごまみぞれあえ

新鮮なあじをいくらと大根おろしでさっぱりあえ、さらにごまでコクをプラス。ちょっと贅沢な副菜です。見た目も美しいのでおもてなし用のメニューとしても。

**材料**（2人分）

あじ（三枚におろしたもの）……160g
いくら……20g
酢……適量
水菜……30g
白煎りごま……20g

| | |
|---|---|
| A | 大根おろし……40g |
| | 薄口しょうゆ……小さじ1 |
| | 和辛子（粉）……少々 |

**美味しさの手解き**

●あじはあまり長く酢につけないこと。刺身用のさばでも代用可。

●辛子は時間をおくと風味がとんでしまうため、Aのあえ衣をあらかじめ作っておく場合は、辛子のみ食べる直前に混ぜるとよい。

**1 あじの薄皮をはぐ**
あじは頭のほうから薄皮をはぎ、軽く塩（分量外）をふってから1分ほどおき、酢に2分つける。

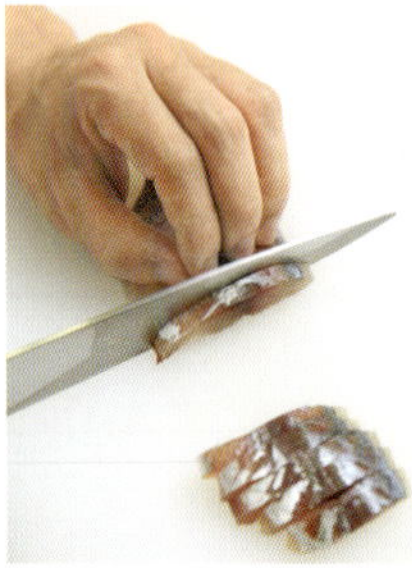

**2 細造りにする**
1のあじを約7㎜幅の細造りにする。

**3 水菜を切る**
水菜は塩少々（分量外）を入れた熱湯で約30秒ゆでて、冷水にとって水けをしぼったら3㎝の長さに切る。

**4 あえる**
すり鉢で煎りごまをすり、Aと混ぜ合わせる。食べる直前に2と3といくらをあえ衣であえ、器に盛る。

# あじのつみれ焼き

たたいただけのシンプルなつみれも美味しいですが
ここでは、もうひと手間加えました。
野菜を混ぜ込むことで食感も楽しめます。

**材料**（2人分）

あじ（三枚におろしたもの）……300g
しいたけ……2枚
にんじん……50g
長ねぎ……20g
しょうが……10g
片栗粉……少々
塩……少々
薄口しょうゆ……少々
大葉……4枚
サラダ油……少々

**美味しさの手解き**

◉あじのほか、いわしでも美味しく食べられます。

◉ポン酢と大根おろしを添えると美味しい。

**1 具材をみじん切りに**

あじは頭のほうから薄皮をはぎ、薄切りにし、細かくたたく。しいたけ、にんじん、ねぎ、しょうがはみじん切りにする。

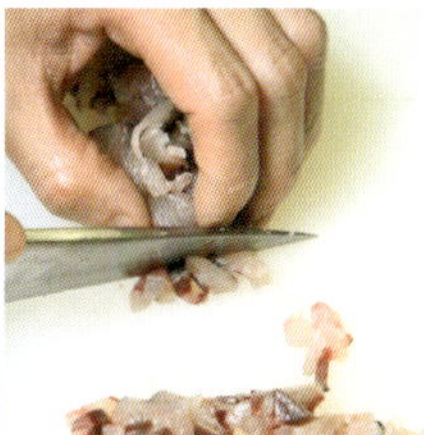

▼冷蔵庫で約3日間保存できます。

**2 調味料であえる**

1をボウルに入れ、片栗粉を加えて粘りが出るまでよく練るように混ぜ合わせたら塩としょうゆで味を調えて、冷蔵庫で約30分ねかせる。冷蔵庫でねかせることで、成形しやすくなり、味がなじむ。

**3 大葉で巻く**

2を4等分し、小ぶりの俵形に成形して大葉で巻く。

**4 焼く**

フライパンを熱し、サラダ油をひいて油をなじませたら3を並べてすぐにふたをする。弱火にして約1分蒸し焼きにしたら上下を返す。再度ふたをし、同じ要領で全面焼く。弱火で蒸し焼きにすることで、パサつかずしっとりふっくら仕上がる。

# あじのみぞれ煮

からりと揚げたあじは、そのままでも充分美味しいですが、おろし煮にすることで、さっぱりと食べることもできます。

**材料**（2人分）

あじ（三枚におろしたもの）……240g
大根……250g
A
- かつおと昆布のだし（P.174）……250mℓ
- 酒……大さじ1
- ざらめ糖……大さじ1
- みりん……大さじ1/2
- 薄口しょうゆ……大さじ1と1/2

片栗粉……適量
揚げ油……適量
長ねぎの白い部分（飾り用）……適量

**1 大根をおろす**
大根は皮をむいてすりおろし、ザルにあげて水けをきる。

**2 揚げる**
あじは6等分に切り、片栗粉をまぶす。揚げ油を170℃に熱し、約2分揚げる。

**3 あじを煮る**
中鍋にAを入れて火にかけ、沸騰したら2のあじを入れ、再度沸騰してきたら1の大根おろし80～100gを加え、軽く混ぜながら3分ほど煮込む。

**仕上げ** ねぎは白髪ねぎ（P.49）にする。器に3を盛り、白髪ねぎをのせる。

▼冷蔵庫で約2日間保存できます。

**美味しさの手解き**
◉しいたけをあじと同じようにみぞれ煮にして添えても美味しい。

# あじの利休焼き

あじの塩焼きにひと手間加えて、ごまだれをかけてみました。こってりした味が好きな方におすすめです。

**材料**（2人分）

あじ（三枚におろしたもの）
……200g（50g×4切れ）

A
- 酒……大さじ4
- みりん……大さじ4
- 濃口しょうゆ……小さじ4

ごまだれ

B
- 白煎りごま……大さじ4
- 白練りごま……大さじ1
- 卵黄……1/2個分
- かつおと昆布のだし（P.174）……大さじ1/2
- 上白糖……大さじ1/2
- みりん……大さじ1
- 濃口しょうゆ……大さじ1/2

白煎りごま（仕上げ用）……適量

**1 あじに下味をつける**

あじを4等分にし、バットに混ぜ合わせたAとともに入れてペーパータオルをかぶせ、1時間ほどつける。

**2 ごまだれを作る**

すり鉢でBの煎りごまを粒が残らない程度まですり、Bのその他の材料を入れてよくすり混ぜる。

**3 あじを焼く**

1のあじの水けをかるく取り、グリルに入れて弱めの中火で片面約5分、裏返して約3分焼いたら、スプーンで皮側に2のたれをたっぷり塗る。再度グリルに入れ、約30秒〜1分、表面が乾くまで焼く。

**4 ごまをふって焼く**

3の上に2のごまだれを重ね塗りし、仕上げ用のごまをたっぷりふったらさらに30秒ほどグリルに入れてうっすら焦げ目をつける。

**美味しさの手解き**

◉両面焼きのグリルの場合、焼き時間は弱めの中火で約8分。

◉あじのほか、ぶりなどほとんどの魚の切り身で美味しく作れる。

# たいそうめん

そうめんの端をくくってからゆでる、おつゆと一緒に切り身をさっと煮る……それだけで、いつものにゅう麺がこんなごちそうに！仕上げの青ゆずは魔法のひとふり。見た目も、味も段違いです。

## 材料（2人分）

たい（切り身）……200g
そうめん……1束
A
- 水……500㎖
- 酒……大さじ2
- ざらめ糖……大さじ2強
- みりん……大さじ1
- 薄口しょうゆ……大さじ3

（あれば）青ゆずの皮（飾り用）……適量

### 美味しさの手解き

◉たいのほか、さわらやぶりでも美味しい。

◉たいを煮た煮汁を一度こすことで雑味が取れる。

### 1 たいをきれいにする

たいは4等分し、熱湯にひと切れずつ入れて、さっとくぐらせ（霜降り）、冷水にとってぬめりやウロコ、汚れを手で洗い流す。穴じゃくしを使うと扱いやすい。

### 2 たいを煮る

中鍋にAを入れて火にかけ、沸騰したら1のたいを入れて、中火で約3分煮る。

### 3 そうめんをゆでる

そうめんは片端をタコ糸や輪ゴムなどでまとめておき、熱湯で表示時間より1分短くゆで、冷水にとって水けをしぼる。

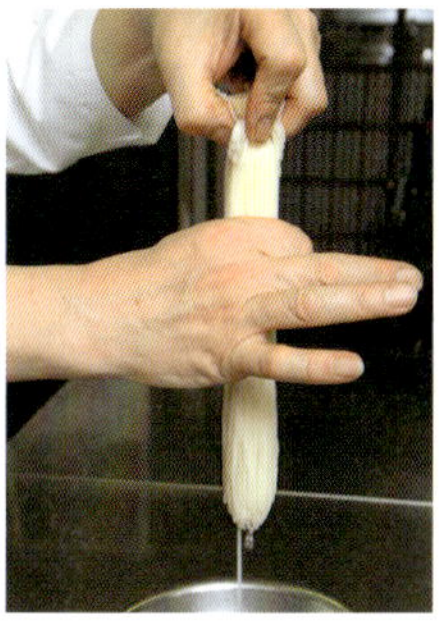

### 4 そうめんに味をつける

2のたいを器に盛り、残った煮汁をザルなどでこしてから再度火にかけ、沸騰したら3のそうめんを入れてひと煮立ちさせる。味見してざらめと薄口しょうゆ少々（各分量外）で味を調え、1分煮る。

**仕上げ** 4のそうめんを取り出して縛った部分を切り落とし、長さを半分に切ったら、4のたいに並べ、煮汁をかける。あれば青ゆずの皮をすりおろして散らす。

### 組み合わせ例

□ じゃがいもとえびのみどり酢あえ（112ページ）
□ 野菜のてんぷら（184ページを参照して作る）

# たいのレモン酒蒸し

水炊きならぬ蒸し鍋ともいえる、あっさりした一品。たっぷりの酒で蒸し上げ、レモンをしぼっていただきます。水炊きと違い、うまみが汁に流れ出ず、素材のうまみが凝縮して美味しいのです。

▼冷蔵庫で約3日間保存できます。

### 材料（2人分）

たい（切り身）……200g
（50g×4切れ）
塩……適量
絹ごし豆腐……1/2丁(150g)
しいたけ……4枚（60g）
白菜……2枚（100g）
昆布……5㎝
酒……約300㎖
濃口しょうゆ……小さじ1
レモン果汁……1/2個分
レモン（輪切り）……4枚

**1 たいに塩をふる**

たいにかるく塩をふり、30分ほどおく。

**2 食材を切る**

しいたけは石づきを切り、細かく格子状に切り込みを入れて半分に切る。豆腐は縦半分に切り5㎝幅に、白菜はざく切りにする。蒸し器を火にかける。

**3 蒸す**

バットにオーブンシートを敷いて昆布をのせ、1のたい、2の白菜、しいたけを並べ、酒をひたひたになるまで注ぐ。バットを湯気の上がった蒸し器に入れ、強火で5分蒸したところで、2の豆腐を入れ、しょうゆとレモン果汁をまわしかけ、レモンを添えてさらに5分蒸す。

**美味しさの手解き**

◉たいのほか、すずきやかれい、あいなめなどの白身魚や鶏肉、はまぐりなどでも美味しい。

# うざく

▼冷蔵庫で約3日間保存できます。

夏に精をつけたい、でも食欲はない。そんなときにぴったりのメニュー。きゅうりの蛇腹《じゃばら》切りは、簡単なのに見栄えがするので覚えておくと便利です。ほかの酢の物やあえものにも応用してみてくださいね。

## 材料（2人分）

うなぎの蒲焼
……1/2尾（約50g）
きゅうり……1/2本（100g）
塩……少々
A
かつおと昆布のだし
（P.174）……大さじ5
砂糖……大さじ1/2
酢……大さじ2
薄口しょうゆ……大さじ1
（あれば）紅たで（飾り用）
……適量

### 1 きゅうりを蛇腹切りにする

きゅうりに、包丁を斜めにして1㎜間隔で切り目を入れていく。このとき下は2～3㎜残す程度まで深く包丁を入れる。端まで切ったら180度裏に返して、端まで同じように切り目を入れ軽く塩をふる。

### 2 きゅうりを好みの長さに切る

1のきゅうりを洗ってペーパータオルで水けをふきとり、両端を切り落とし1～3㎝長さに切る。好みの長さでよい。

### 3 うなぎとあえる

うなぎは縦半分に切り、2㎝幅の短冊切りにする。Aを混ぜ合わせ、うなぎと2を加えてあえる。あれば紅たでを飾る。

# たこと長いもとオクラの酢の物

サクサクした長いもと歯ごたえのあるたこに、みじん切りにして、ねばねば状にしたオクラをからめて。食感が楽しい酢の物です。

美味しさの手解き
◉ゆでだこのほか、ほたて、いかでも美味しい。

**1 ゆでだこを切る**
ゆでだこは5㎜のそぎ切りにする。長いもは長さ4㎝に切り、皮をむいて短冊切りにする。

**2 オクラを切る**
オクラは塩をふってもみ、熱湯で約1～2分、さっとゆでて冷水につける。水けをふき、ヘタと種を取り除いたら、みじん切りにする。

**3 あえる**
器に1のたこと長いもを盛り、Aをよく混ぜてかける。2のオクラを上にのせる。オクラをからめていただく。

▼冷蔵庫で約3日間保存できます。

**材料**（2人分）

ゆでだこ……80～100g
長いも……200g
オクラ……5本
A かつおと昆布のだし（P.174）……大さじ5
　砂糖……大さじ1/2
　酢……大さじ2
　薄口しょうゆ……大さじ1

# サーモンとセロリのごま酢あえ

個性のあるセロリと新鮮なサーモンをさらりとしたごま酢だれであえたサラダのようなあえものです。

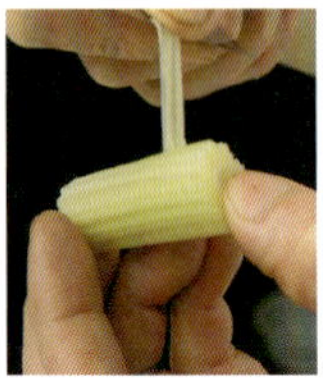

**1 セロリを切る**
セロリを5㎝の長さに切り、筋を取る。短冊状に切ったあと、数枚重ねて細切りにする。

**2 あえる**
サーモンは薄いそぎ切りにし、かるく塩をふる。白煎りごまをかるくする。よく混ぜたAにすったごまと1とサーモンを加え、全体をあえる。

**材料**（2人分）

セロリ……1/2本（60g）
サーモン（刺身用）……50g
塩……少々
白煎りごま……30g
A かつおと昆布のだし（P.174）……大さじ3
　酢……小さじ1
　薄口しょうゆ……小さじ1
　ごま油……小さじ1

# いかうにあえ

プリプリのいかを、ちょっと贅沢にうにであえて。青ゆずをほんのり散らすことで、味にメリハリが生まれます。

**材料**（2人分）

練りうに（瓶詰）……30g
かつおと昆布のだし
（P.174）……小さじ1
塩……少々
薄口しょうゆ……小さじ1
いか（刺身用・胴の部分）
……100g
青ゆず（飾り用）……適量

**1 うにに下味をつける**

練りうににだしを混ぜ、塩としょうゆで味を調える。

**2 いかをあえる**

いかを細切りにし、1と混ぜ合わせ、青ゆずを散らす。いかの幅は好みでOK。太めに切っても美味しい。

# いかの塩辛

いかは胴体をお刺身やうにあえなどで楽しんだら、余った足は塩辛に。肝まで無駄なく食べられます。肝は新鮮なものを使って。

**材料**（2人分）

いかの肝……1ぱい分
足……1ぱい分
塩……適量
酒……少々
薄口しょうゆ……少々

**1 足を切る**

いかの肝は薄皮を切り開き、包丁の背で丁寧にこそげ出す。足は3cmほどの長さで薄い斜め切りにする。

**2 あえる**

1の肝に好みの分量の塩をふる。酒としょうゆを加えて味を調え、足をあえる。冷蔵庫で1日ねかせる。

# お造り

お造りは、難しいことは何もありません。切り方の小さなコツを知るだけで、料亭のようなひと皿を作ることができます。それぞれの幅と大きさをそろえることがポイントです。

## そぎ造《づく》り

その名の通り薄く、そぐように、繊維に沿って包丁を入れます。弾力が残る切り方です。ひらめやたいなどの白身はこの切り方に向いています。ここではたいでご紹介します。

### 1 えんがわを落とす

右に尾の側(細いほう)、左に腹の側(太いほう)を置き、手前のえんがわ部分を切り落とす。

※えんがわがない市販のサクでは、この手順は省略。

### 2 皮をはぐ

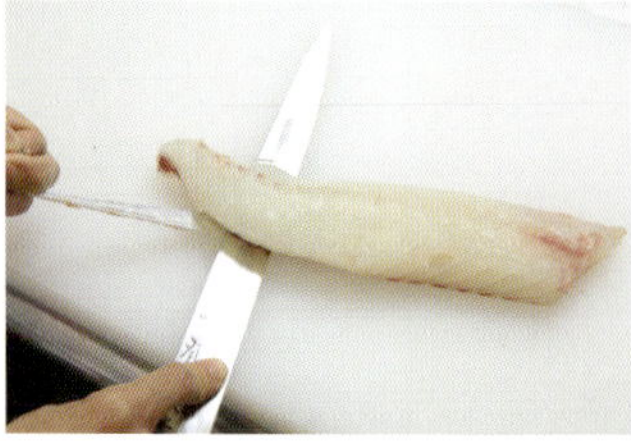

尾を左側に置きかえ尾のほうから、皮と身の間に包丁を入れ、皮をはがしていく。包丁は少し左右に動かす程度で、皮を左右にずらしながらしごくように引っ張って切り離していく。

### 3 切る

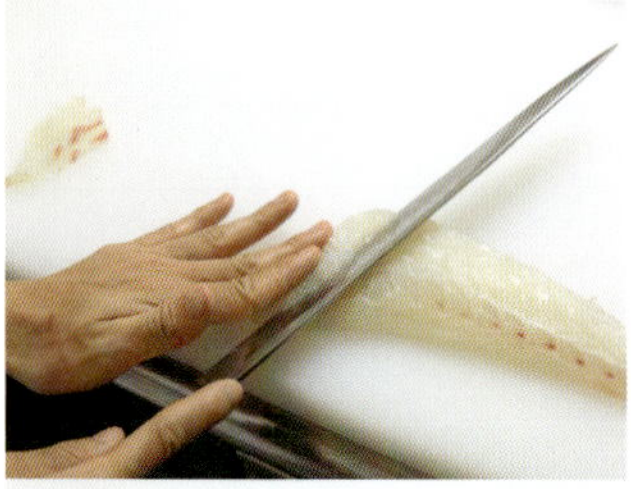

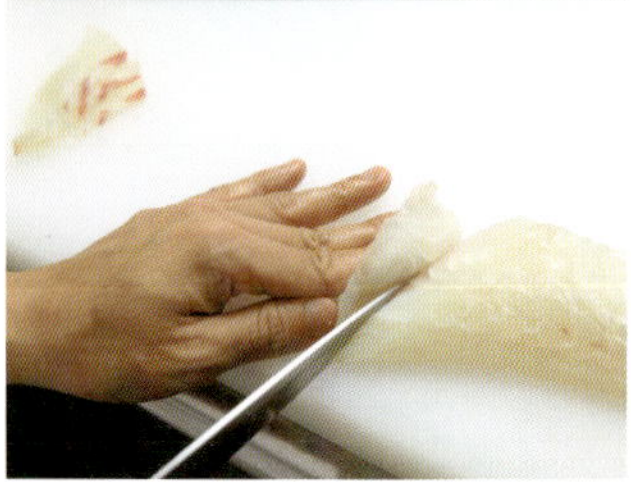

皮をはいだ面を下にし、身の高い方を向こう側に置く。左端から包丁の刃元を寝かせて入れ、手前に引いて切っていく。切り離したものは、皮があったほうを上にして少しずつずらして重ねていく(こうすることで早く美しく器に盛りつけることができる)。

## 平造《ひらづく》り

最も一般的な刺身の切り方。ここでは、たいでご紹介しますが、ほかのどのお魚でも適用できます。

◉刺身を切るときは、包丁のみねに人指し指を添えること。

**1 置く**

身の高いほうを向こうに、低いほうを手前にして置く。

**2 切る**

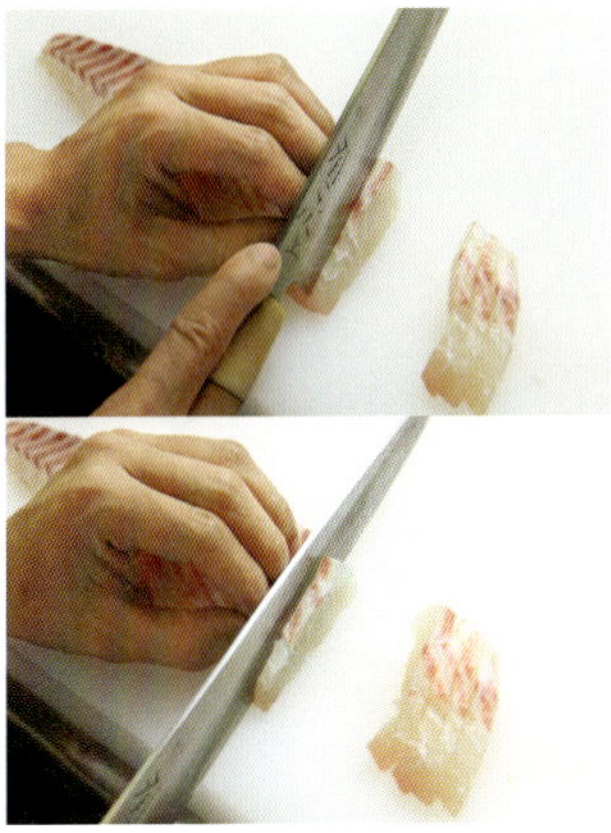

包丁の根元から刃を入れ、一気に引いて切ったら、包丁をやや右に倒してそのまま右に身を移動させ並べていく。左の身を押さえている指先は、丸く折り曲げる。

**青魚の場合**

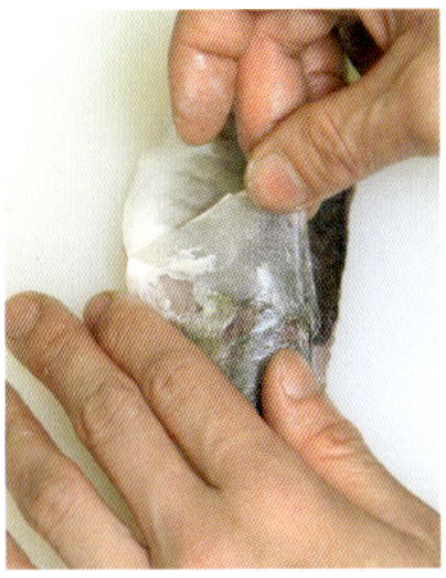

あじなどの青魚の場合は、頭から薄皮を手ではいでから切ること。腹の部分は身が薄いので破れないように指を使って丁寧に取ること。

## いかそうめん

新鮮ないかをおろしたら（182ページ）、いかそうめんにしてみては。器の中にも、食感にもリズムが生まれます。

**1 胴を切る**

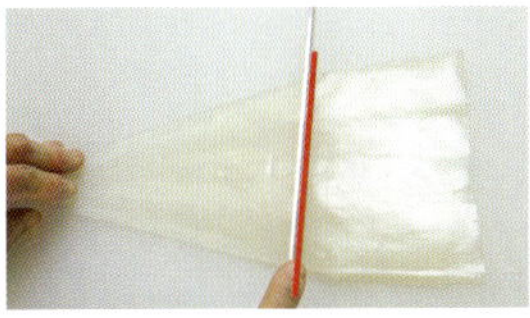

いかの胴を半分に切る（三角形の下の部分）。

**2 さらに半分に**

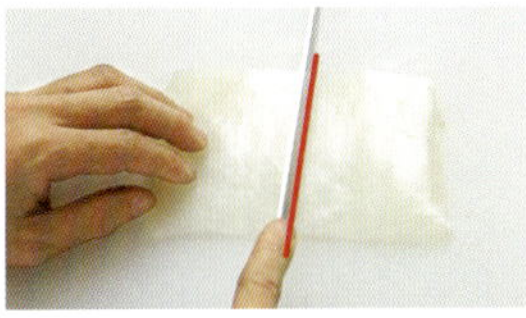

それを横にし、さらに半分に切る。

**3 細く切る**

切り口（2の赤線）が上になるように置き、包丁の先を使って手前に引きながらできるだけ細く、均一の幅に切っていく。先の三角の部分も細切りにする。

**4 皿に盛る**

皿に盛るときは、菜箸で2～3cm幅くらいの量をすくい、箸で持ち上げた部分を折り曲げて置くときれいな見た目に。

## 水玉きゅうり

刺身のツマに水玉きゅうりを作ってみませんか？かわいらしく器の中が華やぎます。

**1 5cm長さに切る**

きゅうりを約5cmの長さに切って皮をむく。

**2 薄く紙状に切る**

皮をむいたら、かつらむきの要領で2周半ほど包丁を回して薄く紙状に切る。

**3 1cm幅に切る**

2を元の形に巻き戻し、輪ゴムで止めて約10分冷水につけて、1cm幅に切る。

**4 カールさせる**

かつらむきにした部分をのばして2つのカールを作る。

## 調味料について

# 特別なものは使っていません

「近又さんは、どんな調味料を使っているんですか?」と聞かれることがままあります。何か、全国各地から珍しい調味料を取り寄せているように思う方もいらっしゃるようですが、私どものところでは、昔からおつきあいのある、京都の錦市場のお店から代々同じものを購入しています。どれも、ごく普通に手に入るものばかりです。

　この本の料理を作るにあたって、そろえておいていただきたいのは、薄口しょうゆと濃口しょうゆ、塩、料理酒、みりん、砂糖は上白糖とざらめ糖です。

　色みが薄く塩分濃度の高い薄口しょうゆは、煮詰める時間が短い料理や、味にしまりをつけたいときに使います。色みの濃い濃口しょうゆは煮詰める時間が長い料理、うまみとコクを加えたいときに使います。さらに、両方のいいとこ取りで味のバランスを取りたいときは、薄口と濃口を合わせて使うことも。

　砂糖の使い分けですが、ざらめ糖はコクとうまみが強いのでこっくり仕上げたい煮物（炊き物）などに使います。上白糖は、ざらめ糖に比べて軽い味なので、酢の物やあえものなどに使います。

# 三章

# 肉

和食の肉料理は、
豚肉や牛肉も使いますが
近又では
鶏肉を使ったものが多いですね。
昨今のヘルシー志向と
あいまって、
さっぱりしたお肉のお皿は
人気があります。

# 京風豚しょうが焼き

本書で最も試作と研究を重ねたメニューかもしれません。
甘さとしょうがのきかせ具合とのバランス、
そして九条ねぎをたっぷりのせるところがポイントです。

### 材料（2人分）

豚肉（しょうが焼き用）
……4枚（150g）
しょうがのすりおろし
……1片分（15g）
九条ねぎ……2本（50g）
A 酒……大さじ3
上白糖……大さじ2と1/2強
濃口しょうゆ
……大さじ2と1/2

**1 豚肉に下味をつける**

豚肉は脂身と赤身の間などの筋切りをし、半分に切って、しょうがのすりおろしを塗る。バットにAを入れて混ぜ、肉を15分ほどつける。

**2 九条ねぎを切る**

九条ねぎを7㎝長さの斜め切りにする。

**3 豚肉を焼く**

フッ素樹脂加工のフライパンに1の豚肉を重ならないように広げてから中火にかける。両面各1～2分ほど焼いて焼き目がついたら皿に盛る。

**4 九条ねぎを炒める**

3のフライパンに1のつけ汁を入れて中火にかけ、沸騰したら2を入れて1分炒め、3の豚肉の上に盛り、汁をかける。

### 美味しさの手解き

◉豚肉をフライパンに並べてから火にかけることで肉がやわらかく仕上がる。

◉肉を焼くときに油はひかなくてよい。

### 組み合わせ例

□ 土鍋ごはん（175ページ）
□ 油揚げとこんにゃく、青菜の白あえ（126ページ）
□ 大根とオレンジと水菜の塩昆布あえ（131ページ）
□ 万願寺唐辛子とじゃこの煮物（98ページ）

# 鶏肉の山椒焼き

シンプルなレシピながら、ふっくらジューシーに仕上がる絶品メニュー。山椒は多いかなと思うくらいの分量をまぶしてください。お好みでレモンやすだち、かぼすをしぼっても美味しいです。

**材料**（2人分）

鶏もも肉
……60g×2切れ
塩……少々
粉山椒……適量

**1 鶏肉に山椒をまぶす**
鶏肉に塩をふって10分ほどおく。水分が出てきたらそのままふき取らずに粉山椒を全体にまぶす。

**2 鶏肉を焼く**
1をグリルに入れ、中火で5分焼き、裏返して3分焼く。両面グリルの場合は約8分焼く（肉の厚い部分に切り込みを入れておくと火が通りやすい）。

仕上げ　食べる直前に1cm厚さに切り、器に盛る。

▼冷蔵庫で約3日間保存できます。

**美味しさの手解き**

◉冷めても美味しいので作りおきに、おべんとうなどにも活用できます。

◉ 鶏肉のほか、えび、あじ、さんまにかえても美味しいです。

◉ 粉山椒は少し量が多いくらいかなと思う分量が美味しい。

◉ すだちやレモンをかけても美味しい。

# 鶏肝のしょうが煮

肝のくせはしょうがでやわらげ、品よく仕上げました。
煮汁は焦げつきやすいので、鍋から離れず、混ぜながら様子を見ること。
しょうがやざらめ糖の分量は、好みで加減してください。

**材料**（2人分）

鶏肝（レバー）……300g
しょうが……1片強（20g）

| | |
|---|---|
| A | 酒……大さじ3 |
| | ざらめ糖……大さじ2強 |
| | みりん……大さじ3 |
| | 濃口しょうゆ……大さじ2 |
| | 薄口しょうゆ……小さじ1 |

## 1 鶏肝の下処理をする

鶏肝の血や筋を取り、3㎝角に切り、熱湯にさっとくぐらせる。**その際、一度に全部を入れると温度が下がり、臭みが取り除けないため、4～5回に分けて入れ**、そのつど穴じゃくしで取り出す。冷水にとり、水けをきる。

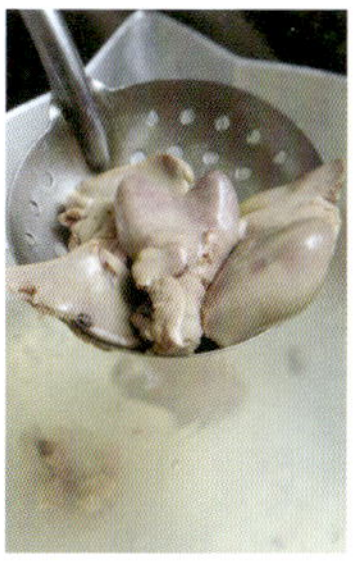

## 2 しょうがを切る

しょうがは皮をむいてせん切りにする。

## 3 煮詰める

小鍋にAを入れて火にかけ、煮立ったら1の鶏肝と2のしょうがを入れる。中心に穴をあけたアルミ箔で落としぶたをして、中火で煮汁が1／4程度になるまで10～12分、時折り混ぜながら少し煮汁が残る程度に煮る。

▼冷蔵庫で約5日間保存できます。

# 鶏肉の酒蒸し

手を動かす時間は5分程度でできる簡単な一品です。シンプルな調理法なので、鶏肉は地鶏など、うまみが濃い鶏肉がおすすめ。盛り付けしだいで、おもてなし料理としても喜ばれます。

## 材料（2人分）

地鶏もも肉……1枚（200g）
塩……少々
しいたけ（大）……2枚（60g）
昆布（5cm長さのもの）……1枚
酒……150～200ml
レモンの半月切り……1枚
絹さや（飾り用）……適量
ポン酢……適量

### 1 食材を切る

鶏肉はひと口大に切り、塩をかるくふって10分ほどおいておく。しいたけは石づきを切り落として半分に切る。

### 2 蒸す

バットにオーブンシートを敷き、昆布、1の鶏肉としいたけを並べ、酒をひたひたに注いだら、15分おく。蒸気の上がった蒸し器に入れ、強火で約10分蒸す。

**仕上げ**　絹さやをさっとゆでて、斜め細切りにする。器に2を盛り、蒸し汁をかけてレモンと絹さやを添える。ポン酢をかけて食べる。

▼冷蔵庫で約3日間保存できます。

**美味しさの手解き**

●鶏もも肉のほか、たいやさけで作っても美味しいです。

**組み合わせ例**


□ 土鍋ごはん（175ページ）
□ 水菜と焼き粟麩《あわぶ》のごまあえ（130ページ）
□ 五目煮（124ページ）
□ さばの船場汁（145ページ）

# ささ身と長いもの梅肉あえ

うまみを含んだ鶏ささ身を梅肉でキュッとあえます。できたら青ゆずを添えて。爽快感がグッと増します。鶏肉は、ジューシーに仕上げるために、ゆですぎないでくださいね。

**材料**（2人分）

ささ身……2本（120g）
塩……小さじ1/2
酒……大さじ1
長いも……150g
A
- 梅肉……大さじ1
- かつおと昆布のだし（P.174）……大さじ1
- みりん……小さじ1
- 薄口しょうゆ……少々

（あれば）青ゆずの皮（飾り用）……適量

**1 ささ身をさく**

火が通りやすいようにささ身は縦に1本切り目を入れる。小鍋に水300㎖を入れて火にかけ、塩と酒を入れる。沸騰したらささ身を入れ、中火で約3分ゆでる。火を止めそのまま余熱で火を通す。冷めたら筋を取りながら手で細かくさく。

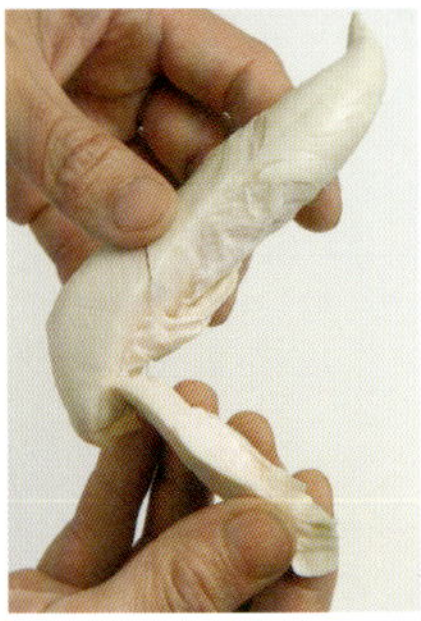

**2 長いもを切る**

長いもは皮をむき、1.5㎝幅の短冊切りにする。

**3 あえる**

Aをよく混ぜ合わせ、1のささ身と2の長いもとあえる。あれば青ゆずの皮をせん切りにして飾る。

▼冷蔵庫で約3日間保存できます。

# ささ身ともやしのごま味噌あえ

ごまの香ばしい風味がアクセントを添える味噌だれで、こっくりとした味わいに仕上げます。秋から冬にかけて、楽しんでほしいメニューです。

**材料**（2人分）

ささ身……2本（120g）
塩……小さじ1/2
酒……大さじ1
もやし……100g
A 白煎りごま……30g
A 上白糖……小さじ1と1/2
A 白味噌……大さじ1/2〜1弱（10〜15g）
A 薄口しょうゆ……小さじ1
（あれば）青ゆずの皮（飾り用）……適量

**美味しさの手解き**

◉ささ身のほか、サーモンで作っても美味しい。

**1 ささ身をさく**

火が通りやすいようにささ身は縦に1本切り目を入れる。小鍋に水300㎖を入れて火にかけ、塩と酒を入れる。沸騰したらささ身を入れ、中火で約3分ゆでる。火を止めそのまま余熱で火を通す。冷めたら筋を取りながら手で細かくさく。

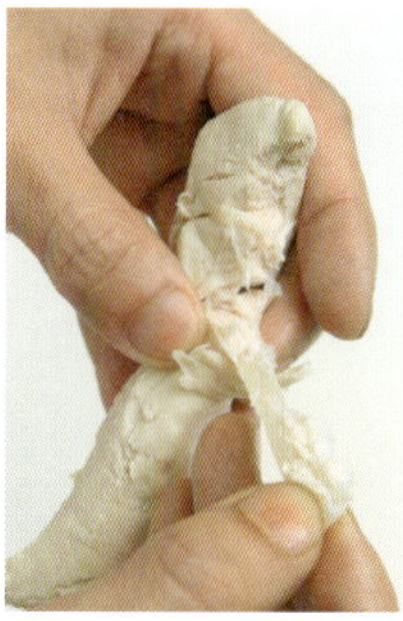

**2 もやしをゆでる**

もやしは、塩少々（分量外）を入れた熱湯で約1分さっとゆで、冷水にとり、水けをきる。

**3 あえる**

Aをよく混ぜ合わせ、1のささ身と2のもやしをあえる。あれば青ゆずの皮をみじん切りにして散らす。

▼冷蔵庫で約3日間保存できます。

# 信《し》田《だ》巻き

脂身の少ない鶏ひき肉で作るので、ボリュームがありつつ口当たりの優しい料理です。おもてなしにも活用できるよう華やかに仕上げました。葛餡をかけることで、だしの味がしっかりからみます。

## 材料（2人分）

油揚げ……1枚（13×10㎝）
ふき……1本
塩……適量
重曹……少々
鶏ひき肉……120g
にんじん……30g
ごぼう……20g
小麦粉……適量
A
かつおと昆布のだし（P.174）……500㎖
酒……大さじ2
ざらめ糖……大さじ2
みりん……大さじ1
薄口しょうゆ……大さじ3
竹の皮（またはたこ糸）……適量
葛粉（または片栗粉）……大さじ1〜2
しょうがのすりおろし……適量

### 美味しさの手解き

◉重曹は1ℓの水に対し、耳かき1杯程度で OK。
◉ゆでたふきの筋は端を何本か一緒に指でつまんではがすとすぐにはがれる。
◉溶き葛の量は、とろみ具合を見ながら調整。

### 1 油揚げを開く

油揚げは熱湯をまわしかけて油抜きし、端の部分から包丁を入れて開く。

### 2 ふきの筋を取る

ふきは油揚げの横幅に合わせて長さを切り、塩をふりかけて板ずりする。重曹を入れた熱湯で約3分ゆでて冷水にとる。粗熱が取れたら筋を取る。

### 3 残りの野菜を切る

にんじんは油揚げの横幅に合わせて切ってからせん切りに、ごぼうはささがきにする。

### 4 材料をのせる

①の油揚げの内側を上にして広げ、**小麦粉をハケか茶こしで薄くふる**。片端にのりしろを3㎝ほど残して鶏ひき肉を均等に敷き詰める。③のにんじん、ごぼうを並べ、②のふきが芯になるようににんじんとごぼうの間にのせる。

### 5 巻く

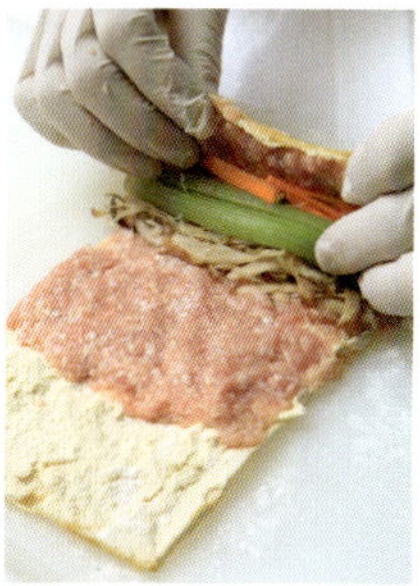

手前から巻き、巻き終わったら竹の皮、またはたこ糸で結ぶ。

### 6 煮る

中鍋にAを入れて火にかけ、沸騰したら⑤を入れ、再度沸騰したら中心に穴をあけたアルミ箔で落としぶたをし、中火で約10分、時折り転がしながら煮込む。煮汁が半分程度になったら火を止めてそのままおいて冷ます。

### 7 とろみをつける

⑥の信田巻きを鍋から取り出し、残った煮汁を火にかける。葛粉を同量の水で溶き、煮汁が沸騰したらまわし入れて素早くかき混ぜ、とろみがついたら強火で30秒ほど混ぜる。

**仕上げ** 信田巻きを2㎝幅に切り、器に盛り、⑦の餡をかけてしょうがを添える。

▼冷蔵庫で約3日間保存できます。

### 組み合わせ例

- □ 土鍋ごはん（175ページ）
- □ ぶりの味噌幽庵焼き（53ページ）
- □ はまぐりのお吸い物（45ページ）
- □ たこと長いもとオクラの酢の物（72ページ）

# 肉じゃが

「肉じゃが」は、家庭によって具の大きさ、煮込み具合などその加減はさまざまです。近又の肉じゃがは、ひと口で食べられる大きさで、さっと煮たもの。見た目も味も上品なのが特徴です。ポイントは、根菜の下ゆでにあります。

**材料**（2人分）

牛肉（切り落とし）……150g
じゃがいも……3個（150g）
にんじん……1/2本（150g）
玉ねぎ……2/3個（200g）
サラダ油……大さじ1/2
A
かつおと昆布のだし（P.174）……250㎖
酒……大さじ1
ざらめ糖……大さじ2強
みりん……大さじ1/2強
濃口しょうゆ……大さじ2強
絹さや（飾り用）……適量

## 1 材料を切る

じゃがいもは皮をむき、3㎝程度のひと口大に切って水にさらす。にんじんは皮をむき3㎝程度の乱切りに、玉ねぎは3㎝程度のひと口大に切る。牛肉は2㎝幅のひと口大に切る。

## 2 下ゆでする

中鍋に1のじゃがいもとにんじんを入れて材料がかぶるまで水を注いだら火にかけ、沸騰してから3分、7割程度までゆでる。**串を刺したとき中心に当たる程度のかたさがポイント**。

## 3 材料を炒める

フライパンを熱し、サラダ油をひいてなじませたら1の牛肉を入れ、やや赤みが残る程度まで炒める。1の玉ねぎと2のじゃがいも、にんじんを加えて中火でさっと炒め合わせ、Aを加える。

## 4 煮る

煮汁が沸騰したら中心に穴をあけたアルミ箔で落としぶたをし、中火で5分ほど煮込む。**煮込んでいる途中、アクが出てきたらアクを引く**。煮汁が半分程度になったら火を止めて、そのままおいて冷ます。

## 5 絹さやをゆでる

絹さやの筋を除き、熱湯で30秒ゆで、冷水につけて色止めする。4の煮汁を少し取り分けて冷まし、水きりした絹さやをつけておく。半分に切って、器に盛った肉じゃがに飾る。

▼冷蔵庫で約3日間保存できます。

### 美味しさの手解き

◉じゃがいもとにんじんを下ゆですることで味がしみ込みやすくなり、煮込みすぎによる煮崩れと調味料の味の変化を防ぐ。また煮込む時間も短くてすむので、短時間で作れる。

◉フライパンで手軽に作れるのもうれしい。

### 組み合わせ例

- □ 土鍋ごはん（175ページ）
- □ ほたてとわけぎの酢味噌あえ（38ページ）
- □ たまご豆腐（132ページ）
- □ たいの潮汁（145ページ）

# 牛のしぐれ煮

しょうがの香りを含ませて、甘めにしっとり仕上げた牛肉は、白い熱々ごはんによく合います。できたてよりも冷ましてからのほうが味が落ち着き、美味しくなります。

材料（2人分）

牛肉（切り落とし）……150g
しょうが……20g
サラダ油……大さじ1/2

A
酒……大さじ4
ざらめ糖……30g
みりん……大さじ2
濃口しょうゆ……大さじ4

## 1 材料を切る

牛肉は2㎝幅のひと口大に切る（牛肉は少し脂身があるほうがしっとりと仕上がって美味しい）。しょうがはせん切りにしたあと、水にさらし、水けをきる。

## 2 炒める

小鍋を熱し、サラダ油をひいて油をなじませたら1の牛肉を入れて中火で炒める。肉から出てきた脂をペーパータオルでふき取る（ここで脂を取らないと、冷ましたときに脂っぽくなる）。**肉の赤みが少し残る程度で**Aと1のしょうがを入れて混ぜる。

## 3 煮詰める

煮汁が沸騰してきたら弱めの中火にし、全体を混ぜ合わせながら、汁けがほとんどなくなるまで約8分煮詰める。**煮詰めるときに火が強いと煮詰まりすぎて味に角が出てしまうので注意。煮汁が少しふつふつとしている状態が目安。**火を止めて、そのままおいて冷ます。

▼冷蔵庫で約1カ月間保存できます。

## 組み合わせ例

□ 土鍋ごはん（175ページ）
□ 青菜の辛子じょうゆあえ（114ページ）
□ 小かぶとお揚げの炊いたん（102ページ）
□ てんぷら（184ページを参照して作る。）

# 「近また」について

若主人・鵜飼英幸。「近また」を一からプロデュース。
お客様の目に常に入り、触れるカウンターは、最高のものにしたいと、いちょうの木の一枚板で造ることにこだわった

2019年3月に、「懐石・近又」の一部スペースを改装して、カウンター席のみの「近また」を設けた。「懐石・近又」が守り続けてきた、正統派日本料理の真髄は守りつつ、創作和食や、カウンター席の店だからこそ提供できる揚げたてのお料理など、現代に合わせた新しい試みにも挑戦している。28ページの「うにパン」など名物料理も誕生した。

# 四章

# 野菜と果物

ほくほくした根菜に、
みずみずしい葉野菜、
旬の野菜や山菜などを使った
主菜から副菜までを
幅広くご紹介。
また、果物を使った
和食の美味しさも
知っていただけたらと思います。

# かぼちゃとひら天《てん》とお揚げさんの炊いたん

夏の栗かぼちゃは甘みが強く、ほくほくして美味しい。
油揚げやひら天から出るうまみとよく合います。
素材の味を生かすため、調味料で長く煮込まないこと。

## 材料（2人分）

栗かぼちゃ……200～300g
ひら天……2枚
油揚げ……2枚（80g）

A
- かつおと昆布のだし（P.174）……250mℓ
- 酒……大さじ2
- ざらめ糖……大さじ4強
- みりん……大さじ1
- 濃口しょうゆ……大さじ4

（あれば）青ゆずの皮（飾り用）……適量

「ひら天《てん》」は魚のすり身を板状にして揚げたもの。関西以外の地方では聞き慣れない方も多いようです。「さつま揚げ」でも代用できますが、ごぼうやにんじんなどが入っていない、揚げ色の薄い、シンプルなものを選びましょう。

### 1 かぼちゃの下ごしらえをする

かぼちゃは5cm角に切ったらところどころ皮をそぎ落とし、面取りする。中鍋にかぼちゃを入れ、水をかぶるまで注ぎ、沸騰してから5～10分炊く。途中、竹串を刺して中心に当たる程度、芯が残るくらいのかたさが目安（ここで炊きすぎるとあとで煮崩れします）。

### 2 油揚げとひら天の下ごしらえをする

油揚げにさっと熱湯をかけて油抜きし、5cm幅の短冊切りにする。ひら天は4つに切る。

### 3 材料を炊く

中鍋にAを入れて火にかけ、沸騰したら1のかぼちゃを入れて中火で約1分炊く。2の油揚げとひら天を加え、再度沸騰してから、中心に穴をあけたアルミ箔をかぶせる。約2分、ひら天が温まる程度に炊いたら、火を止めて、そのまま冷ます。

**仕上げ**　あれば、青ゆずの皮はせん切りにする。器に3を盛り、青ゆずのせん切りを飾る。

▼冷蔵庫で約3日間保存できます。

### 組み合わせ例

- □ 土鍋ごはん（175ページ）
- □ さけの南蛮漬け（22ページ）
- □ 京風豚の角煮（24ページ）

### 美味しさの手解き

◉具は素材の味を生かすため、煮込みすぎないこと。

◉かぼちゃの旬は7～8月。ぜひ国産の美味しいものを選んでください。

# 筑前煮

筑前煮は、各家庭によって入れる具材も、切り方も大きさもさまざまです。ここでは、味がしみ込みやすく、炊く時間も短くてすむように、そして歯ごたえも楽しめるよう、小さめの乱切りにしました。

## 材料（2人分）

干ししいたけ（大）……4枚（60g）
こんにゃく……1/3枚（80g）
ごぼう……50g
にんじん……70g
れんこん……50g
鶏もも肉……120g
サラダ油……大さじ1/2

A
- かつおと昆布のだし（P.174）……250mℓ
- 酒……大さじ1
- ざらめ糖……大さじ2
- みりん……大さじ1/2
- 濃口しょうゆ……大さじ2

### 美味しさの手解き

◉ごぼうは、酢水につけたあと10分ほど下ゆでしておくと、よりやわらかく食べやすくなる。お好みで。

### 1 材料を切る

干ししいたけはP.123を参照してもどす。もどしたあとは、4～6等分に切る。こんにゃくは湯通しをし、1・5㎝角に切る。ごぼうは2・5㎝、にんじん、れんこんは3㎝程度の乱切りに、鶏肉も小さめに切り分ける（具材は、同じ大きさに切ると見た目も美しく味も均等にしみ込む）。

### 2 酢水につける

ごぼうとれんこんはそれぞれ酢水（水1ℓ：酢大さじ1。分量外）に約10分つけてアクを取る。

### 3 野菜を下ゆでする

水から入れて沸騰してから、にんじんを3分、ごぼうを10分、れんこんを5分ゆでる。

### 4 鶏肉を炒める

フライパンを熱し、サラダ油をひいて油をなじませたら1の鶏肉をかるく焼き目がつく程度に炒める。

### 5 残りの材料を加える

鶏肉の色が変わってきたら3の具材と1の干ししいたけ、こんにゃくを加えて炒め合わせ、Aを加えて沸騰させる。

### 6 煮込む

中心に穴をあけたアルミ箔で落としぶたをし、中火で約5分、ときどきアクを引きながら煮込む。写真のように煮汁が半分くらいまで煮詰まり、ごぼうがやわらかくなったら火を止め、そのままおいて冷ます。

▼冷蔵庫で約3日間保存できます。

### 組み合わせ例

- □土鍋ごはん（175ページ）
- □青菜の辛子じょうゆあえ（114ページ）
- □千両なすの味噌田楽（106ページ）
- □さわらの西京焼き（161ページ）

# 万願寺唐辛子とじゃこの煮物

ほんの数分でできる簡単な和のおかずです。火を通したあと氷水で急速に冷やすことにより、万願寺唐辛子が色落ちすることなく、つやつやした仕上がりに。おつまみにもピッタリです。

## 材料（2人分）

- 万願寺唐辛子……5本
- ちりめんじゃこ……15～20g
- サラダ油……大さじ1/2
- A
  - かつおと昆布のだし（P.174）……250㎖
  - 酒……大さじ1
  - ざらめ糖……大さじ1
  - みりん……大さじ1/2
  - 薄口しょうゆ……小さじ1
  - 濃口しょうゆ……小さじ2

### 美味しさの手解き

- ◉ 10 分足らずでできるから、あと1品欲しいときに、パパッと作れて便利です。
- ◉万願寺唐辛子をなすにかえてもよい。
- ◉みょうがを刻んで入れても美味しい。

### 1 万願寺唐辛子を切る

万願寺唐辛子はヘタを切り落とし、内側に沿って包丁を入れ、種を取り除いて3等分に切る。

### 2 万願寺唐辛子を炒める

中鍋を熱し、サラダ油をひいて油をなじませたら、万願寺唐辛子を入れる。色が鮮やかになり、皮がうっすら浮いてくるまで中火でさっと炒める。

### 3 じゃこを加えて煮る

2にAを入れ、沸騰したらちりめんじゃこを加え、全体を混ぜながら強火で約3分、煮汁が1／3程度になるまで煮詰める。

### 4 氷水で冷やす

ボウルに氷水をはり、鍋ごとつけて冷やす。氷水で急激に冷やすことにより、万願寺唐辛子が色鮮やかなまま味がしみ込む。

### 組み合わせ例

- □ 土鍋ごはん（175ページ）
- □ マスカットのごま酢あえ（116ページ）
- □ 贅沢茶碗蒸し（134ページ）
- □ ぶりの味噌幽庵焼き（53ページ）

▼冷蔵庫で約3日間保存できます。

# ふろふき大根

冬の甘い大根をしみじみ美味しくいただける一品です。
材料も作り方もいたってシンプルだからこそ、
焦らず気長にコトコト煮込んで、だしのうまみをじんわりと含ませます。

## 材料（2人分）

大根……約8cm（350g）
昆布（5cm長さのもの）……1枚
水……500mℓ
赤田楽味噌（P.188）
……適量

### 1 大根の皮をむく

大根は2cm幅の輪切りにし、厚めに皮をむく。煮崩れないよう、面取りをする。

### 2 隠し包丁を入れる

大根の両面に、縦に2本浅く包丁を入れる。この隠し包丁は表裏逆の方向になるように入れるとよい（こうすることで味がしっかりしみ込む）。

表

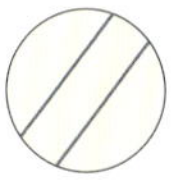

裏

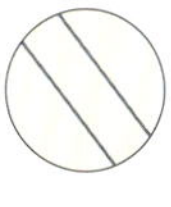

### 3 大根と昆布をつける

大鍋にたっぷりの水をはり、昆布と大根を入れて約30分おく。

### 4 大根を炊く

昆布が広がってきたら弱火にかけて、写真のようにふつふつとしてきたら昆布を取り出し、10〜20分竹串がすっと通るくらいやわらかくなるまでゆでる（大根によってゆで時間がかなり変わる）。

**仕上げ**　大根に赤田楽味噌、または好みの田楽味噌をのせる。

▼冷蔵庫で約3日間保存できます。

**組み合わせ例**

- □ 季節の土鍋炊き込みごはん（42ページ）
- □ トマトとグリーンアスパラガスとあさりの煮びたし（34ページ）
- □ さばの船場汁（145ページ）

### 美味しさの手解き

◉田楽味噌は大根を炊いている間に作るとよい。もちろん田楽味噌を作りおきしておくと、より便利。

◉冷やしたふろふき大根に熱々の田楽味噌をかけても、その逆でもまた美味しい。

# 小かぶとお揚げの炊いたん

**材料**（2人分）

小かぶ……3個（280g）
油揚げ……1枚
A
かつおと昆布のだし（P.174）……250㎖
酒……大さじ1
ざらめ糖……大さじ1/2
みりん……大さじ1/2
薄口しょうゆ……小さじ2
サラダ油……大さじ1

ひと口いただくごとに、煮含ませただしのうまみが、みずみずしいかぶとお揚げからじゅわっとあふれてきます。しょうゆは薄口のみで、ほのかに色づく程度に仕上げます。

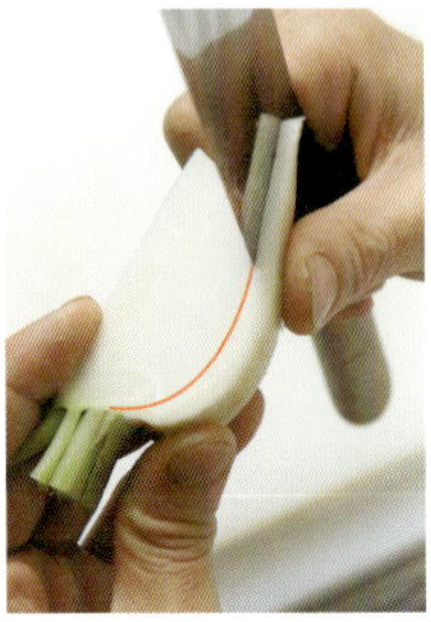

**1 かぶを切る**
かぶは茎を約2cm残して切る。4等分のくし形に切ったら、皮を厚めにむく。

**2 油揚げを切る**
油揚げは熱湯をまわしかけて油抜きをする。縦半分に切ってから3cm幅に切る。

**3 かぶを炒める**
中鍋を熱し、サラダ油をひいて油をなじませたら1のかぶを表面が透明になるまで中火で約3分炒める。

**4 炊く**
3の鍋にAを入れ、沸騰したら2の油揚げを加えて強めの中火で約5分炊いて、火を止め、そのままおいて冷ます。

▼冷蔵庫で約3日間保存できます。

**美味しさの手解き**

◉好みでゆずの皮のせん切りを添えても美味しい。

# 小いもの艶《つや》煮《に》

**材料**（2人分）

小いも……10個（約300g）
A
- かつおと昆布のだし（P.174）……250㎖
- 酒……大さじ1
- ざらめ糖……大さじ2
- みりん……大さじ1
- 濃口しょうゆ……大さじ2

米のとぎ汁……適量

その名の通り、茶色くつやつやと炊かれたおいもの煮っころがし。母が、よく作ってくれまして、おやつ代わりに食べていました。濃口しょうゆでしっかり茶色く色づけたほうが美味しそうに見えますね。

### 1 小いもを切る

小いもは皮をむき、大きい場合は横半分に切る。

### 2 下ゆでする

小鍋に小いもを入れ、米のとぎ汁をかぶるくらい注いだら火にかけ、沸騰してから約10～12分、7割程度までゆでる。竹串を刺して、かたさが少し残っている程度であればOK。

### 3 炊く

別の中鍋にAを入れて火にかけ、沸騰したら2の小いもを入れ、再度沸騰したら中心に穴をあけたアルミ箔で落としぶたをして、強めの中火で10～15分、煮汁をときどきかけながら煮詰める。煮汁が1／3程度になったら火を止めて、そのままおいて冷ます。

▼冷蔵庫で約3日間保存できます。

**美味しさの手解き**

◉米のとぎ汁でゆでると小いものアク抜きができる。なければ生米をひとつかみ入れてゆでてもよい。

# なすの揚げびたし

だしがじんわりしみ込みつつ、身はふんわり揚がり、皮はつやつや。簡単なのに絶品の和のおかず。美味しさと美しさの秘密は、化粧包丁と低温の油で揚げること。できればミョウバンも用意して。

## 材料（2人分）

- なす……2本（1本約100g）
- A
  - かつおと昆布のだし（P.174）……250㎖
  - 酒……大さじ1
  - 薄口しょうゆ……大さじ2
  - ざらめ糖……大さじ1
  - みりん……大さじ1/2
- （あれば）ミョウバン……少々
- 揚げ油……適量
- しょうが（飾り用）……適量

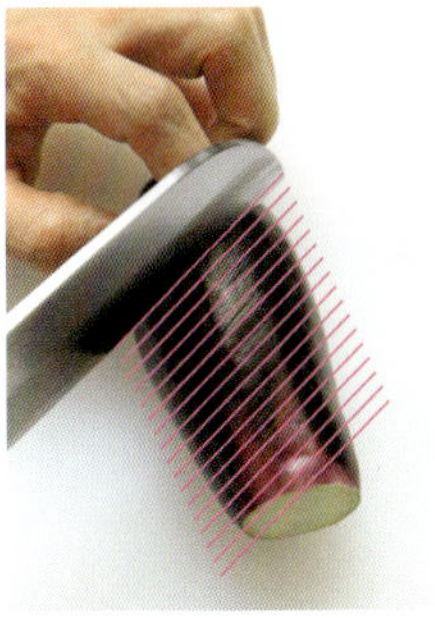

### 1 なすに化粧包丁を入れる

なすはヘタを除いて、斜めに細かく化粧包丁を入れる。化粧包丁は、片面に5㎜程度の深さに1㎜間隔で端まで切り込みを入れたら裏返し、表側と逆の角度で切り込みを入れる。Aはひと煮立ちさせたあと冷ます。

### 2 水につけてアク抜きする

1のなすを長さ3等分にし、あればミョウバンを溶かした水（水1ℓ：ミョウバン耳かき1杯程度）に20分つける（なすはミョウバン水につけると、ナスニンという色素が反応し、なすの色を美しくキープ。ミョウバンがなければ水につけるだけでよい）。

ミョウバンとは食品添加物の一種。薬局やネットショップなどで購入可。

### 3 なすを揚げる

2のなすの水けをふき取り、約160℃の低温に熱した揚げ油で、やわらかくなるまで弱めの中火で約2分じっくり揚げる。

▼冷蔵庫で約3日間保存できます。

### 4 なすの油抜きをする

揚げたなすは網などに並べ、熱湯をかけて油抜きする（こうすることで、だし汁が濁らず、余分な油の後味を感じることもなく上品な味わいに）。

### 5 調味料につける

4のなすを1で冷ましたAに3時間以上つける。

**仕上げ**　器に5を盛り、せん切りにしたしょうがを添える。

### 組み合わせ例

- □ 土鍋ごはん（175ページ）
- □ 肉じゃが（88ページ）
- □ うざく（71ページ）
- □ さばの味噌煮（48ページ）

### 美味しさの手解き

●化粧包丁とは、仕上がりを美しく、火を通しやすくするためのひと手間。切り込みは浅めでOK。幅を均一にするのがコツ。

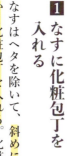

# 千両なすの味噌田楽

関西地方に多く出回っている、長さ15㎝くらいの千両なすで作ります。美味しく作るコツは、化粧包丁を入れてから揚げること。余分な水分が抜けて、うまみが濃厚に。

**材料**（2人分）

千両なす……1本（120g）
揚げ油……適量
白田楽味噌（P.188）……適量
赤田楽味噌（P.188）……適量
（あれば）けしの実（飾り用）……適量

**1 なすに化粧包丁を入れる**

なすはヘタを落とし、縦半分に切り、皮に斜めに浅く包丁を入れる（化粧包丁）。

**2 なすを揚げる**

160℃の低温に熱した揚げ油に1のなすを入れて、中火で3～4分揚げ、網の上にのせてかるく油をきる。

**3 田楽味噌を塗る**

揚げたなすに好みの田楽味噌を好みの分量塗り、あればけしの実をふる。

**美味しさの手解き**

◉千両なすは中長なすの一種です。

◉揚げてから食べるまでに時間があく場合は、食べる直前に揚げたなすを蒸し器で温めるか、ペーパータオルを敷いた皿に置いて電子レンジにかけると、温まると同時に余分な油が落ちる。

◉地域によって味噌の味に違いがあるため、調味料や火入れの時間は味見をしながら調整してください。

# 加《か》茂《も》なすの合わせ味噌田楽

**材料**（2人分）

加茂なす……1本（200g）
揚げ油……適量
合わせ田楽味噌（P.188）……適量
（あれば）けしの実（飾り用）……適量
（あれば）木の芽（飾り用）……適量

加茂なすは、京都の上賀茂で作られてきた、伝統的な京野菜です。揚げると、甘みが濃くなり、田楽味噌とよく合います。皮を縞《しま》にむくだけで、ぐっと華やかに、本格的な印象に。

**1 なすの皮を縞にむく**

なすはヘタとおしりの部分を切り落とし、厚みを半分に切ったら皮を縞にむく。

**2 なすに穴をあける**

なすの上下、側面のところどころに菜箸を深く刺して火を通りやすくする。

**3 揚げる**

160℃の低温に熱した揚げ油に2のなすを入れて、中火で3～4分揚げ、網の上にのせてかるく油をきる。箸で突き刺してかたさを確かめる。（まだかたい場合は再度揚げる）

**4 田楽味噌を塗る**

揚げたなすに合わせ田楽味噌を好みの分量塗り、あればけしの実をふる。あれば木の芽は、手のひらでパンとたたいて香りを出してからのせる。

### 美味しさの手解き

◉揚げてから食べるまで時間があく場合は、食べる直前に揚げたなすを蒸し器で温めるか、ペーパータオルを敷いた皿に置いて電子レンジで加熱すると、温まると同時に余分な油が落ちる。

◉使用する味噌によって、調味料や火入れの時間は味見をしながら調整してください。

# れんこん餅《もち》ボール

**材料**（2人分）

れんこん……100g
えび（殻付き）
　……約4尾（100g）
しいたけ……約3枚（40g）
大葉……3枚
餅粉……25g
A｜塩……少々
　｜薄口しょうゆ……少々
揚げ油……適量
大根おろし……適量
てんつゆ（P.189）……半量

もっちりした弾力とれんこんの優しい甘みが楽しい一品。くせになるもちもち感は、餅《もち》粉が決め手です。片栗粉や小麦粉を使うレシピもありますが、ここは、ぜひ餅粉で！

**1 れんこんのアク抜きをする**

れんこんは皮をむき、酢水（水1ℓ：酢小さじ1。分量外）に約10分つけてアクを抜く。

**2 材料を切る**

えびは殻をむいて粗みじんに、しいたけは石づきを切り落としてみじん切りに、大葉はせん切りにする。

**3 れんこんをおろす**

[1]のれんこんの水けをきり、おろし金でおろし、餅粉を加えてよく混ぜ合わせる。

**4 丸める**

[3]に[2]を加えてゴムべらで混ぜ合わせ、粘りが出てきたらAを加えて味を調える。ひと口大の分量を手に取り、**空気を抜くイメージでしっかり丸める**（ふんわりまとめると油に入れたときばらばらになる）。

**5 揚げる**

揚げ油を160℃の低温に熱し、[4]を入れて中火で約4分揚げる。**油から取り出す際、油を最後の1滴までしっかりきること**。油が残っていると、取り出したあと温度が一気に下がり、ベチャッとした仕上がりに。

**仕上げ** 皿に盛り大根おろしを添え、てんつゆでいただく。

▼冷蔵庫で約2日間保存できます。

**美味しさの手解き**

- 揚げたてを塩で食べても美味しい。
- 大葉は九条ねぎでも美味しい。
- 季節に合わせて枝豆やゆり根などを入れるとよい。

# たけのこのえびそぼろ餡《あん》かけ

えびのうまみを閉じ込めた葛餡が、たけのこにしっかりからんだ、食べごたえのあるメニュー。えびは、プリプリした食感を楽しむためにも細かく切りすぎないこと。

## 材料（2人分）

下ゆでしたたけのこ（P.183）……240g
＊市販の水煮でもよい。

A
- かつおと昆布のだし（P.174）……500㎖
- 酒……大さじ2
- ざらめ糖……大さじ2
- みりん……大さじ1
- 薄口しょうゆ……大さじ1

えび（殻付き）……約3尾（80g）
葛粉……大さじ1と1/2
しょうがのしぼり汁……少々

### 1 たけのこを煮る

たけのこは縦に6等分に切る。中鍋にAを入れて火にかけ、沸騰したらたけのこを入れて中火で約10分煮て取り出す。

### 2 えびを切る

えびは殻をむいて粗みじんに切る。

### 3 えび餡を作る

1の煮汁を再沸騰させたら2のえびを入れて約2分煮る。葛粉を同量の水で溶き、まわし入れてとろみがついたら30秒混ぜながら煮る。しょうがのしぼり汁を入れひと混ぜする。

**仕上げ**　器に1のたけのこを盛り、3のえび餡をかける。

▼冷蔵庫で約2日間保存できます。

**美味しさの手解き**

◉えびを煮てから器に餡をまわしかけるまでは手早く。

# こごみのくるみあえ

青々しい香りを持ち歯ごたえのあるこごみを、こっくりした味わいの白あえで食べやすく仕上げました。コリコリした食感と香ばしさを持つくるみがポイントです。

## 材料（2人分）

こごみ……10本
くるみ……25g
木綿豆腐……2/5丁（120g）
A
- かつおと昆布のだし（P.174）……小さじ1
- 薄口しょうゆ……小さじ1
- 上白糖……小さじ1
- 塩……少々

（あれば）赤万願寺唐辛子（飾り用）……適量

春から初夏にかけてが旬のこごみは、苦味と歯ごたえがよく、豊かな青い香りが美味しい野草です。

### 1 くるみをする

くるみはグリルやトースターなどで焼いて焦げ目をつけたあと、すり鉢で粗くする。

### 2 豆腐を水きりする

豆腐は1本切り込みを入れ、熱湯で約1分下ゆでする。ふきんで包んだら重しをして30分以上おいて水きりをする（豆腐の水きり方法詳細はP.127）。

### 3 こごみを掃除する

こごみは軸の小さな葉の部分を包丁の背を使ってこそげ落とし、半分の長さに切る。根元のかたい部分を切り落とす。

### 4 こごみをゆでる

中鍋に湯を沸かし、塩少々（分量外）とこごみを入れて約2分ゆでる。冷水にとり、水けをきっておく。

### 5 裏ごしした豆腐とあえる

2の豆腐を裏ごしする。こした豆腐正味50gとAを混ぜ合わせ、1のくるみと4のこごみをあえる。

仕上げ　（あれば）赤万願寺唐辛子を約1分ゆでて水けをきって細切りにする。器に5を盛り、その上に飾る。

### 組み合わせ例

□ 土鍋ごはん（175ページ）
□ たけのこと山菜のてんぷら（184ページを参照して作る）
□ 小いもの艶煮（103ページ）
□ 鶏肉の山椒焼き（80ページ）

### 美味しさの手解き

◉こごみの料理法を知りたいという声を、近又の料理教室でもよくいただきますが、普通のお野菜と同じ感覚で扱ってください。

# じゃがいもとえびのみどり酢あえ

白、緑、赤、そしてピンクがちりばめられた美しく華やかなあえものです。美味しく作るコツは、野菜の水けをしっかりきること。水っぽくしまりのない味になってしまいます。

## 材料（2人分）

じゃがいも（大）……約1個（120g）
えび（殻付き）……約2〜3尾（60g）
塩……少々
みょうが……2個
大根……約4㎝（150g）
きゅうり……約1と1/2本（150g）
A
- かつおと昆布のだし（P.174）……大さじ5
- 上白糖……大さじ1/2
- 酢……大さじ2
- 薄口しょうゆ……大さじ1

### 美味しさの手解き

◉大根ときゅうりの水けをしっかりしぼることで、全体の味が引き締まる。

### 1 じゃがいもの下ごしらえをする

じゃがいもは芽を取り、皮をむいて1㎝幅の拍子木切りにする。中鍋にたっぷりの水とともに入れて約5分ゆで、水けをきる。

### 2 えびの下ごしらえをする

えびを殻つきのまま塩を入れた熱湯で約3分ゆで、殻と尾を取り除く。厚みを半分に切り、小さめに切る。

### 3 みょうがをせん切りにする

みょうがは根の部分を切り落としたら1枚ずつはがす。少しずつずらして重ね、せん切りにする。

### 4 大根ときゅうりをすりおろす

大根は皮をむいてすりおろす。きゅうりは縦半分に切り、種をスプーンで取り除いてすりおろす。

### 5 大根ときゅうりをしぼる

4の大根ときゅうりは、それぞれ布巾に包んで水けをしっかりとボール状にまとまるまでしぼる。

### 6 混ぜる

5とAをよく混ぜ合わせてから、残りの材料をあえる。

▼冷蔵庫で約3日間保存できます。

### 組み合わせ例

□ 土鍋ごはん（175ページ）
□ 加茂なすの合わせ味噌田楽（107ページ）
□ 鶏肉の山椒焼き（80ページ）

# 青菜の辛子じょうゆあえ

ちりめんじゃこと焼きのりから生まれる磯の香りが青菜にしみ込んで美味しい、変わりあえものです。溶き辛子でピリリと味を引き締めます。

**材料**（2人分）

ほうれんそう……80g
塩……少々
ちりめんじゃこ……10g
焼きのり……1/2枚

辛子じょうゆ
A ┃ かつおと昆布のだし（P.174）……50㎖
A ┃ 薄口しょうゆ ……小さじ2
溶き辛子……小さじ1

**1 ほうれんそうを切る**

ほうれんそうは根元をよく洗い、塩を入れた熱湯で約2分さっとゆで、冷水にとったあと水けをしぼる。根元を切り落とし、4㎝長さに切る。

**2 じゃことあえる**

ボウルにAを入れて混ぜ、1とじゃこ、溶き辛子を加えてあえる。食べる直前にちぎったのりを加えて混ぜ合わせる。

▼冷蔵庫で約2日間保存できます。ただし、のりは食べる直前に。

**美味しさの手解き**

◉ほうれんそうのほか、小松菜でも美味しい。

◉のりは食べる食前に混ぜるとよい。

# いちじくのごま味噌がけ

いちじくの少しえぐみのある個性的な味と、白味噌ベースのごま味噌、そして爽快な青ゆずとの相性は抜群です。

**材料**（2人分）

いちじく……1個
ごま味噌（P.189）
……全量
（あれば）青ゆずの皮
……適量

**1 いちじくを切る**

いちじくはよく冷やしたあと、できるだけ薄く皮をむき1㎝幅の輪切りにする。

**仕上げ** 1を器に盛り、ごま味噌をかけ、あれば、すりおろした青ゆずの皮をふる。

# マスカットのごま酢あえ

甘くてジューシーなマスカットに、酸味のきいたごま酢をかけるとフルーティな香りが際立ちます。

**材料**（2人分）

マスカット……15粒
ごま酢（P.189）……全量

**1 マスカットを切る**

マスカットは皮をむき、半分に切って種を取る。

**2 あえる**

食べる直前に1とごま酢をあえる。

# 五章

# 乾物、豆、豆腐、卵

時を経て、
うまみが凝縮された乾物を
使った滋味あふれる料理から、
すり鉢で丁寧に作った白あえや
繊細な食感が魅力の
たまご豆腐や茶碗蒸しなど、
世代を超えて人気のある
一品を選びました。
昔ながらの和食の魅力を
今一度、発見してみませんか。

# ひじきの炊いたん

おなじみのおばんざいですが、美味しく作るコツは、ひじきのもどし加減と、火加減。ふっくら炊き上げたひじきは、お揚げの風味とにんじんの歯ごたえとともに、しみじみ美味しい。

**材料**（2人分）

ひじき（乾燥）……20g
油揚げ……2枚強（100g）
にんじん……1/4本（60g）
しいたけ……4枚（60g）
サラダ油……大さじ1/2
A
かつおと昆布のだし（P.174）……250mℓ
酒……大さじ1
ざらめ糖……大さじ2強
みりん……大さじ1/2
濃口しょうゆ……大さじ2

## 1 ひじきをもどす

ひじきはさっと洗い、1ℓの水に30分ほどつけてもどし、しぼって水けをしっかりきる。もどしすぎると食感がなくなるので注意（ひじきは水分を吸って水けがなくなってきたら手でかたさを確かめ、芯が残っていないか確認。芯が残っていたら水をプラスして様子を見る）。

## 2 切る

油揚げにさっと熱湯をかけて油抜きし、細切りにする。にんじんも細切りに、しいたけは約7㎜の薄切りにする。

## 3 炒める

中鍋を熱し、サラダ油をひいて油をなじませたら1のひじきをさっと炒める。

## 4 煮る

3にAを加え、沸騰したら2を入れて全体を混ぜる。再度沸騰したら中心に穴をあけたアルミ箔で落としぶたをし、中火で約3分、煮汁がひたひたになる程度まで煮る。火を止め、そのままおいて冷ます。

▼冷蔵庫で約3日間保存できます。

**組み合わせ例**

□ 土鍋ごはん（175ページ）
□ 鶏肉の山椒焼き（80ページ）
□ 贅沢茶碗蒸し（134ページ）
□ サーモンとセロリのごま酢あえ（72ページ）

**美味しさの手解き**

◉煮込む際は、ときどき全体を混ぜながら煮汁をまんべんなく吸わせるように。

◉フライパンでも作れます。

◉ごはんに混ぜても美味しい。

# 切り干し大根の炊いたん

かみしめるほどに甘い切り干し大根は、美味なだけでなく食物繊維、カルシウム、鉄分が豊富に含まれた優良な食材。健康を意識することもお料理をするうえで大切なことです。

## 材料（2人分）

- 切り干し大根……25g
- にんじん（中）……3/4本（80g）
- 油揚げ……2枚強（100g）
- サラダ油……大さじ1/2
- A
  - かつおと昆布のだし（P.174）……250㎖
  - 酒……大さじ1
  - ざらめ糖……大さじ2
  - みりん……大さじ1
  - 濃口しょうゆ……大さじ2

### 美味しさの手解き

◉フライパンでもOK。

◉切り干し大根とにんじんは必ずしも油で炒める必要はないが、油で炒めることでコクとうまみがアップする。

◉鶏肉のささ身を細切りにしたものを入れるとうまみが加わって、さらに美味しくなる。

### 1 切り干し大根を切る

切り干し大根をたっぷりの水に約30分ひたしてもどす（ものによってかたさが異なるので、様子を見ながらもどし時間を調整する）。しっかりと水けをしぼって食べやすい長さに切る。

※急ぐときは熱湯につけて電子レンジにかけると早くもどる。

### 2 にんじんと油揚げを切る

にんじんは約4cmの細切りにする。油揚げに熱湯をまわしかけて油抜きをし、細切りにする。

### 3 炒める

中鍋を熱し、サラダ油をひいて油をなじませたら1の切り干し大根を中火でさっと炒める。にんじんも入れて水分をとばすように炒め合わせ、Aを注ぎ入れる。

### 4 煮る

煮汁が沸騰したら、中火にして約3分煮込む。中心に穴をあけたアルミ箔で落としぶたをする。**煮汁が少し残る程度になったら2の油揚げを入れ、混ぜながらひと煮立ちさせる。**冷まして味をなじませる。

▼冷蔵庫で約3日間保存できます。

### 組み合わせ例

- □ 土鍋ごはん（175ページ）
- □ いわしの梅煮（56ページ）
- □ トマトとグリーンアスパラガスとあさりの煮びたし（34ページ）
- □ 三色豆腐田楽（128ページ）

# 高野豆腐としいたけの炊いたん

高野豆腐とかんぴょうは、薄口しょうゆできりっと、干ししいたけは、濃口しょうゆで甘辛く。ひと晩ねかせて静かに味を含ませた品のいい炊きものです。

## 材料（2人分）

干ししいたけ……6枚（40g）
高野豆腐（7×5.5cm）……2枚
かんぴょう……20g

A
- かつおと昆布のだし（P.174）……250mℓ
- 酒……大さじ1
- ざらめ糖……大さじ1と1/2
- みりん……大さじ1
- 薄口しょうゆ ……大さじ1と1/2

B
- かつおと昆布のだし（P.174）……125mℓ
- 酒……大さじ1/2
- ざらめ糖……大さじ1
- みりん……大さじ1/2
- 濃口しょうゆ……大さじ1

（あれば）木の芽（飾り用）……適量

**下準備**　ボウルにぬるま湯1ℓと砂糖小さじ1／3（分量外）、干ししいたけを入れて1日つけておく。もどし汁大さじ1を取り分けておく。

### 1 高野豆腐を切る

高野豆腐を約50℃のぬるま湯にひたし、少しやわらかくなったところで4等分（ひと口大）にし、再度ぬるま湯にひたして、芯にかたさが残らない程度までしっかりもどしておく。

### 2 かんぴょうを塩もみしてゆでる

かんぴょうはさっと水洗いしたあと塩適量（分量外）を全体にふってもみ、しんなりしてきたら塩を洗い流す。中鍋にたっぷりの水とともに入れ、中火で芯にかたさが残らない程度まで20～30分ゆでる。

### 3 高野豆腐とかんぴょうを炊く

高野豆腐とかんぴょうの水けをしっかりとしぼる。かんぴょうは5cmの長さに切る。小鍋にAを入れて火にかけ、沸騰したら高野豆腐とかんぴょうを入れ、中火で約5分煮る。

### 4 別の鍋で干ししいたけを炊く

別の鍋にBと干ししいたけのもどし汁を入れて火にかける。干ししいたけの水けをしぼり、煮汁が沸騰したら小鍋に入れ、ペーパータオルをかぶせて強めの中火で約5分炊く。煮汁が1／3程度になったら火を止めてそのままおく。

### 5 ひと晩ねかせる

3と4の粗熱が取れたら冷蔵庫に入れ、ひと晩ねかせる。

**仕上げ**（あれば）木の芽は、手のひらでパンとたたいて香りを出す。5を器に盛り、3の煮汁を少し注いで木の芽をのせる。

▼冷蔵庫で約3日間保存できます。

#### 美味しさの手解き

◉かんぴょうはものによってかなりかたさが違うので、様子を見ながらゆで時間を調整する。

◉甘めに煮たしいたけは、単品でも美味しい。

#### 組み合わせ例

□ サーモンとセロリのごま酢あえ（72ページ）
□ たいの潮汁（145ページ）
□ てんぷら（184ページを参照して作る。）

# 五目煮

和のおかずの定番中の定番ともいえるメニューです。
大豆、干ししいたけ、昆布の乾物から出る甘みとうまみが
素材全体をじんわり包み込み、なんともやわらかで深みのある味わいに。

## 材料（2人分）

大豆（乾燥）……100g
干ししいたけ……約3枚（40g）
こんにゃく……1/3枚（80g）
にんじん……50g
サラダ油……大さじ1
昆布……3cm角×10枚
A
- かつおと昆布のだし（P.174）……250㎖
- 酒……大さじ1
- ざらめ糖……大さじ2強
- みりん……大さじ1/2
- 濃口しょうゆ……大さじ2強

（あれば）木の芽（飾り用）……適量

### 下準備

●大豆は水洗いし、水にひと晩つける。大豆をザルにあげて水けをきり、大きな鍋に入れ、たっぷりの水からゆでる。沸騰したら弱火にし2時間半～3時間ふたをせずゆでる。冬の場合は、大豆を水につける時間を1日半程度にする。

●ボウルにぬるま湯1ℓと砂糖小さじ1（分量外）、干ししいたけを入れて1日つけておく。

### 1 昆布をもどす

昆布を水に約30分つけておく。もどした昆布を食べてみてかたければ酢水（1ℓ：酢大さじ1。分量外）でゆでてやわらかくする。また、だしをとった昆布を使ってもよい。同じくかたければ酢水でゆでる。

### 2 こんにゃくを下ゆでする

こんにゃくは熱湯で軽くゆでる。

### 3 材料を切る

にんじんは1・5cm程度の小さめの乱切りに、干ししいたけは石づきを落として4～6等分に、こんにゃくは1・5cmの角切りにする。材料の大きさをそろえておくと味が均等にしみる。

### 4 材料を炒める

中鍋を熱し、サラダ油をひいてなじませたらにんじんを入れ、ほんのり透き通るまで炒める。こんにゃくと、干ししいたけを加えて全体に油がまわる程度に炒め合わせる。

▼冷蔵庫で約3日間保存できます。

**美味しさの手解き**

◉古い豆だとなかなかやわらかくならないので、大豆は新豆を使うこと。

◉干ししいたけ、こんにゃく、にんじんは大きさをそろえる。

### 5 煮る

4にAを入れ、沸騰したら水けをきった大豆と昆布を加えて、中心に穴をあけたアルミ箔で落としぶたをして、中火で約5分煮る。煮汁が2／3程度になったら火を止めて、そのままおいて冷ます。

**仕上げ** 5を器に盛ったら彩りにあれば木の芽を添える。

**組み合わせ例**

- □土鍋ごはん（175ページ）
- □たらのとろろ蒸し（55ページ）
- □いかうにあえ（73ページ）
- □京風豚しょうが焼き（78ページ）

# 油揚げとこんにゃく、青菜の白あえ

人気の高い白あえですが、美味しく作るコツは豆腐の水きりです。少しでも水っぽければ味も落ちますし、いたみも早くなります。ここでは、豆腐の水きりを丁寧にご紹介します。

## 材料（2人分）

木綿豆腐……約1と1/5丁（360g）
＊水切りして正味180g。
油揚げ……2枚強（100g）
こんにゃく……1/4枚（60g）
水菜……50g
塩……少々

A
かつおと昆布のだし（P.174）……大さじ3
塩……2g
上白糖……5g
薄口しょうゆ……少々
白練りごま……5g

### 1 豆腐の水きりをする

豆腐は1本切り込みを入れる。こうすることで、より早く水きりができる。

鍋に湯を沸かし豆腐を入れ約1分下ゆでする。

布巾で包み、重しをして30分以上おいて水きりする。バットの裏やまな板を斜めに傾け、布巾ごとのせたら上にもバットかまな板、皿などをのせ、さらに水をはったタッパーなどで重しをするとしっかり水きりできる（正味180gにする）。

### 2 油揚げを切る

油揚げに熱湯をまわしかけて油抜きをし、2㎜の細切りにする。

### 3 こんにゃくを切る

こんにゃくは熱湯でさっとゆで、1.5㎝幅の短冊切りにする。

### 4 水菜を切る

水菜は塩を入れた熱湯で約1分ゆで、冷水にとって冷ましたあと水けをしぼり、4㎝長さに切る。

### 5 豆腐を裏ごしする

1の豆腐を裏ごしする（裏ごし器がなければ目の細かいザルなどを使ってもよい）。

### 6 あえる

5の豆腐をすり鉢に入れAと混ぜ合わせ、2、3、4も加えてあえる。

### 組み合わせ例

□ 土鍋ごはん（175ページ）
□ かぼちゃとひら天とお揚げさんの炊いたん（94ページ）
□ 鶏の竜田揚げ（186ページを参照して作る）

### 美味しさの手解き

◉水菜のほかほうれんそうや小松菜でも美味しい。

◉春はえんどう豆、夏は枝豆、秋は菊の花やくり、だしでさっと煮たしめじ、冬は京にんじんや焼きほたての貝柱など旬の食材を合わせると季節感が出る。

# 三色豆腐田楽

焼き豆腐を使った、水きり不要の簡単田楽です。豆腐は冷たくても温かくても、また味噌も冷たくても温かくても美味しい。お好みの組み合わせでどうぞ。田楽味噌を作りおきしておけば、1分でできます。

**材料**（2人分）

焼き豆腐……1/2丁（180g）
木の芽味噌
（P.188）……適量
合わせ田楽味噌
（P.188）……適量
赤田楽味噌
（P.188）……適量
けしの実……適量
木の芽（飾り用）……適量

**1 豆腐を切る**

ペーパータオルで包んで、水けをふきとった焼き豆腐を約1cm幅の6等分に切る。

**2 合わせ味噌を塗る**

1の豆腐に好みの味噌を適量塗る。赤味噌田楽にはけしの実を、木の芽味噌には木の芽を添える。

**美味しさの手解き**

- 焼き豆腐を使うので水きり不要。
- 温かくして食べたいときは、豆腐をさっとゆでる。

# かつお衣の揚げ出し豆腐

衣にかつお節を入れることで、淡泊な豆腐にうまみを加えます。かりっふわっと揚げた豆腐の食感がなによりのごちそうです。

**材料**（2人分）

木綿豆腐……1/2丁強（180g）
小麦粉……適量

衣
冷水……125㎖
小麦粉……60～65g
卵黄……1/4個分
糸かつお節……5g
※粉がつおでもよい。

揚げ油……適量
なす……適量
しし唐辛子……適量
大根おろし……適量
万能ねぎ……適量
A
かつおと昆布のだし（P.174）……200㎖
みりん……50㎖
濃口しょうゆ……50㎖

**1 豆腐を切る**
豆腐を4等分に切り、ザルなどにのせてかるく水けをきる。薄く小麦粉をはたく。

**2 衣を作る**
P.185の作り方1を参照し、てんぷら衣を作る。糸かつお節を加えてさらに混ぜ合わせたら1の豆腐にからめる。

**3 揚げる**
揚げ鍋に油をたっぷり入れて、170℃の中温に熱する。2の豆腐を入れたら、すぐに上からかつお節入りの衣をかける。中火で約2分、衣がこんがりするまで揚げる。

**4 野菜を揚げる**
なすはヘタを切り落とし3cmほどの輪切りにし、165℃の中温で約2～3分、しし唐辛子は約30秒素揚げする。

**5 つゆを作る**
小鍋にAを入れてひと煮立ちさせる。

仕上げ　油をきった3、4を器に盛り、大根おろしと小口切りにした万能ねぎ、てんつゆを添える。

**美味しさの手解き**

◉3の揚げ上がりは、箸でつかんだときに衣がカリッと固まっているかをチェック。

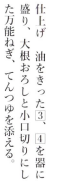

# 水菜と焼き粟麩《あわぶ》のごまあえ

もっちりした生麩と歯ごたえの残った水菜を香ばしい煎りごまだれであえる。だしの風味がきいた、さっぱりとしたあえものです。

## 材料（2人分）

粟生麩……1/3本（130g）
※好みの生麩でよい。

水菜……4本（80g）

| | |
|---|---|
| A | かつおと昆布のだし（P.174）……250㎖ |
| | 薄口しょうゆ……小さじ2 |
| | 上白糖……大さじ1/2 |
| | みりん……大さじ1/2 |
| | 酒……大さじ1 |

白煎りごま……30g

| | |
|---|---|
| B | 薄口しょうゆ……小さじ1 |
| | 上白糖……小さじ1と1/2 |

**1 生麩を焼く**
生麩は1㎝幅に切り、くっつかないよう水でさっと湿らせたら、グリルかトースターかフライパンで表面に焦げ目をつける。

**2 水菜をゆでて切る**
水菜を塩（分量外）を入れた熱湯でさっとゆで、冷水にとって水けをしぼったら、4㎝長さに切る。

**3 生麩を煮る**
中鍋にAを入れて火にかけ、沸騰したら1の生麩を入れ、ふっくらするまで中火で約3分煮る。そのままおいて冷ます。

**4 あえる**
白煎りごまをすり鉢ですり、Bを加えてよく混ぜ合わせたら、2の水菜と軽く水けをきった3を加えてあえる。

▼冷蔵庫で約3日間保存できます。

# 大根とオレンジと水菜の塩昆布あえ

甘くジューシーなオレンジの果実と、しゃきしゃきした水菜、香り豊かなしいたけに、歯ごたえと塩けのある塩昆布、というまったく違う個性をまとめた一品。ポイントは1滴のごま油です。

**材料**（2人分）

オレンジ……1/2個
大根……約1cm（50g）
しいたけ……2枚（20g）
水菜……4本（80g）
切り塩昆布……10g
塩……少々
ごま油……1滴

**1 オレンジの身を房から出す**

オレンジは皮をむいてひと房ずつ分けたら芯を切り落とす。背の部分に包丁を入れて表面の薄皮をむく。（P. 39）。

▼冷蔵庫で約3日間保存できます。

**2 材料を切る**

大根は4cm長さ×幅1cmの拍子木切りにし、塩少々（分量外）をふる。しいたけは石づきを切り落とし、熱湯で1分さっとゆでたら薄切りに。水菜は塩少々（分量外）を入れた熱湯で1分ゆで、冷水にとって水けをきり、4cm長さに切る。

**3 あえる**

すべての材料を混ぜ合わせる。塩昆布がなじんだら器に盛る。

# たまご豆腐

ぷるるん、つるるんとしたシンプルで美しい、
だしの味をしっかりきかせた一品。難しいことは何もなし。卵液を蒸すだけ。
加熱する前に泡をしっかり消すことで表面が美しく仕上がります。

## 材料（13×7.5cmの流し缶1個分）

卵……2個

A
- かつおと昆布のだし（P.174）……150㎖
- みりん……大さじ1/2
- 薄口しょうゆ……大さじ1

B
- かつおと昆布のだし（P.174）……100㎖
- みりん……小さじ1
- 薄口しょうゆ……小さじ2

（あれば）青ゆず（飾り用）……適量

**下準備**　小鍋にBを入れてひと煮立ちさせたら火を止めて冷ましておく。

### 1 卵をザルでこす

蒸し器を火にかける。卵をしっかり溶き、Aを加えてよく混ぜ合わせたらザルでこす。卵液を流し缶に流し入れ、バーナーで表面の泡をあぶるようにして消す（こうすると表面が美しく仕上がる）。

### 美味しさの手解き

●泡を消すためのバーナーがなければスプーンで取り除く。

### 組み合わせ例

- □土鍋ごはん（175ページ）
- □えびと野菜のてんぷら（184ページ）
- □うざく（71ページ）
- □かぼちゃとひら天とお揚げさんの炊いたん（94ページ）

### 2 卵液を蒸す

流し缶にきっちりとラップをし、蒸気の上がった蒸し器に箸をおいてその上にのせ（こうすることで均等に加熱できる）、中火で10～13分蒸す。中心を竹串で刺してみて、卵液が固まっていれば蒸し器から取り出す。汁がにじみ出てくるようであれば様子を見ながらもう少し蒸す。粗熱が取れたらラップをしたまま冷蔵庫で冷やす。

### 3 たまご豆腐を取り出す

2が冷えたら、取り出しやすいように流し缶の内側に包丁を入れる。取っ手を持ち上げて中敷を取り出したら、底に沿って包丁を入れて切り離し、半分の大きさに切る。

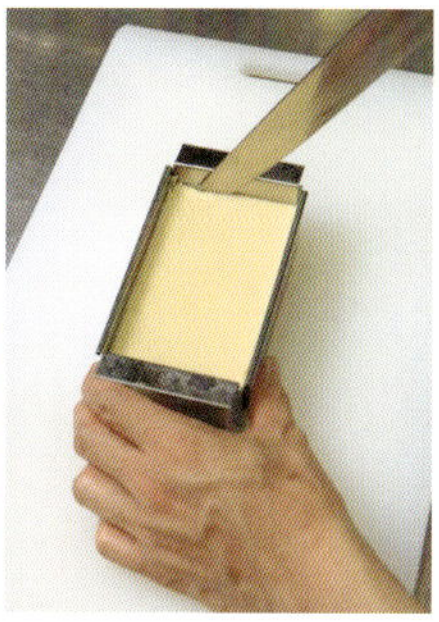

**仕上げ**　3を器に盛り、冷えたBのうまだしをかけ、あれば青ゆずをすりおろしてふる。

# 贅《ぜい》沢《たく》茶碗蒸し

鶏肉からうなぎ、えびまでを入れた、お正月やお祝いの席にもふさわしいごちそう茶碗蒸しです。ポイントは、ふたをあけたときの見栄えを考え、沈まないよう2回に分けて具を入れること。

**材料**（2人分）

- うなぎの蒲焼……40g
- たい（切り身）……40g
- 鶏もも肉……40g
- えび（殻付き）……1尾
- 卵……2個
- ゆり根……6片
- かまぼこ……4枚
- A
  - かつおと昆布のだし（P.174）……175㎖
  - みりん……大さじ1/2
  - 薄口しょうゆ……大さじ1
- 葛粉……大さじ1と1/2
- B
  - かつおと昆布のだし（P.174）……300㎖
  - 酒……大さじ1
  - 塩……1つまみ
  - 薄口しょうゆ……2滴
- わさび……適量
- 絹さや（飾り用）……適量

**1 各材料の下ごしらえをする**

うなぎ、たい、鶏肉は4等分に切る。えびは殻をむいて厚みを半分に切り、2等分する。卵はしっかりと溶き、Aを加えてよく混ぜ合わせたらザルなどでこす。蒸し器は火にかけておく。

**2 5分蒸す**

器2つに1の鶏肉、たい、えび、うなぎを各1切れずつ入れ、その上にさらに鶏肉1切れとゆり根2片ずつをのせたら1の卵液を半分ずつ静かに注ぐ。きっちりとラップをしたあと蒸し器に入れ、中火で約5分蒸す。

**3 さらに3分蒸す**

2の表面が固まったら、残りのたい、えび、うなぎ、ゆり根1片ずつとかまぼこ2枚を彩りよくのせ、きっちりとラップをしてさらに約3分蒸す。

**4 葛餡を作る**

葛粉を同量の水で溶き、水溶き葛を作る。小鍋にBを入れて火にかけ、沸騰したら水溶き葛を入れて素早くかき混ぜ、強火で30秒ほど混ぜながらとろみをつける。

**5 葛餡をかける**

蒸し上がった3に4の葛餡をかけ、仕上げにわさびとゆでて斜め半分に切った絹さやを添える。

▼冷蔵庫で約2日間保存できます。

**美味しさの手解き**

- ◉卵液を注いだあと、泡ができていたらスプーンで取り除くか、バーナーであぶって消しておくと仕上がりがきれいに。
- ◉冷たくして食べても美味しい。
- ◉具はどれか1つでもよい。

# 金時豆ととうろく豆の甘煮

私の母が、忙しい仕事の合間に、豆をもどしたり、ことことゆでてはおやつに出してくれた思い出の料理です。一気に作ろうとせず、手のあいたときに、ちょこちょこ仕込んでいくのがいいでしょう。

**材料**（2人分）

金時豆（茶）……3合
とうろく豆（白）……3合
A｜水……200㎖
　｜ざらめ糖……800g
濃口しょうゆ……大さじ1
薄口しょうゆ……大さじ1

**下準備**　金時豆ととうろく豆は、それぞれひと晩、たっぷりの水につけておく。

**1 豆をゆでる**
大鍋にたっぷりの湯を沸かし、金時豆を入れたらふたをして中火でやわらかくなるまで30分ゆでる。とうろく豆も同じようにして1時間ゆでる。それぞれザルにあげる。

**2 豆を煮る**
別々の大鍋に金時豆、とうろく豆を入れ、Aの半量の水100㎖とざらめ400gをそれぞれ加えてふたをせず約5分ざらめが溶けるまで中火にかける。金時豆の鍋には濃口しょうゆを、とうろく豆の鍋には薄口しょうゆを回し入れたら、鍋ごとふって味をなじませ、煮立ったら火を止めて、そのままおいて冷ます。

▼冷蔵庫で約15日間保存できます。

**美味しさの手解き**

◉1、2で豆をゆでたり煮る火加減は、グツグツとさせず、豆が対流する程度の火加減が目安。

◉2で煮込む際、混ぜすぎると豆が崩れるので鍋ごとふること。

# 調理器具

近又で使っているおもな道具

## 包丁

❶さしみ包丁…刺身や魚の切り身を切るときに使います。
❷出刃包丁…魚をおろすときや硬い骨を切るときに使います。
❸菜切包丁…ほとんどの野菜類を切ったり、皮をむいたりするのに使います。
❹細工包丁…ねじり梅や小芋の六方切りなどの細工に使います。

## 鍋

右から直径23㎝の大鍋、直径20㎝の中鍋、直径18㎝の小鍋。本書のレシピでは、使用している鍋のサイズ大・中・小をわざわざ書いていますが、加熱時間や食材に水分がかぶる度合いの目安とするためです。まったく同じサイズの物を使う必要はありませんが、参考にしてください。

## おろし金

大根や長いも、しょうがをおろすのに欠かせません。

## 蒸し器

間接的にやさしく火を通す「蒸す」という調理法は、肉も魚も身がふんわり仕上がりますし、野菜もうまみが凝縮されて素材の味そのものが濃く仕上がります。

## 流し缶

えび真丈（14ページ）やたまご豆腐（132ページ）、市松真丈（159ページ）を作るときに使用します。ない場合、仕上がりは多少崩れますが、耐熱性の保存容器などにラップを敷いて代用することもできます。

## 揚げ鍋

口径約30㎝、深さ約15㎝の銅の鍋を使用しています。揚げ物はプロでも慣れないと難しい調理法です。最近は、油に無駄を出さないよう少なめの油で揚げる方が多いようですが、美味しく仕上げるコツは、たっぷりの油で揚げること。揚げ物用の鍋は、ある程度深さのあるものがいいでしょう。

## バット

切った食材を置いておいたり、つけ汁につけるときなどに必要。1枚あると便利です。

## すり鉢とすりこ木

ごまをすったり、食材をあえたり、すり混ぜたりするのに使います。

## 網・温度計・穴じゃくし・網じゃくし

揚げたものは網を重ねたバットにのせて必ず油をきること。かき揚げ用に穴じゃくし、かす取りように網じゃくしも用意しましょう。温度計で正しい温度を測ることも大切です。

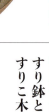

# 六章

# ごはんとお椀《わん》

土鍋でコトコト炊いたお粥さんや
ふるふるの卵でとじられた
美しい丼もの、
愛らしい小さな三角の
おいなりさんや
季節の炊き込みごはんなど、
宿屋の時代から
皆さまに愛されてきた、
ごはんものを紹介します。
また、ごはんものには欠かせない
お椀のレシピもございます。

# 土鍋粥

土鍋だからこそ、甘くゆるりと炊き上がるお粥。甘辛い葛餡をかけることで、メリハリのきいた味わいに。

**材料**（2人分）

米……1合
水……1260㎖
葛粉……大さじ1と1/2

| | |
|---|---|
| A | かつおと昆布のだし（P.174）……200㎖<br>ざらめ糖……小さじ1と1/2<br>みりん……小さじ1<br>薄口しょうゆ……小さじ2<br>濃口しょうゆ……小さじ2 |

しょうがのすりおろし……適量

**1 米をとぐ**

175ページの1～4を参照して米をとぎ、水につける。

**2 中火で炊く**

米と水を土鍋に移し、ふたをして中火にかける。15分ほどして噴いてきたらしゃもじで底から返すように混ぜ、米に熱を均一に入れる。

**3 弱火で炊く**

すぐにふたをし、弱火で20～30分炊き、火を止めて10分ほどおく。

**4 葛餡を作る**

葛粉を同量の水で溶き、溶き葛を作る。小鍋にAを入れて火にかけ、沸騰したら溶き葛を入れて素早くかき混ぜ、強火で約30秒混ぜながらとろみをつける。葛餡は、とろみ具合が強めのほうが美味しいので様子を見ながら溶き葛を調整するとよい。

**仕上げ** 器に3を盛り、4をかけてしょうがのすりおろしを添える。

### 美味しさの手解き

◉やわらかめにしたい場合は水を1800㎖にするとよい。

◉弱火で炊いているときに、噴きこぼれてきたらふたを斜めにずらして噴きこぼれを防ぐ。

◉葛餡をかけない場合は、弱火で炊くときに水に塩ひとつまみを加えて炊くとよい。

# たい茶漬け

あっさりしたたいの刺身を、練りごまベースのこっくりしただしでいただきます。

**材料**（2人分）

たい（刺身用）……140g
白煎りごま……50g

| | |
|---|---|
| A | 白練りごま……大さじ4<br>みりん……大さじ4<br>濃口しょうゆ……大さじ4 |
| B | かつおと昆布のだし（P.174）……適量<br>塩・薄口しょうゆ……各少々 |

温かいごはん……適量
ぶぶあられ・わさび・細切りのり……各適量

**1** たいは10切れにそぎ切りにする。

**2** すり鉢でごまをすり、Aを入れてすり混ぜる。1を20分ほどつける。

**3** 小鍋にBを入れて温める。

**4** ごはんを器に盛り、2のたいを並べ、熱々の3をかけたらぶぶあられ、わさび、のりを添える。

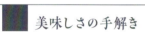

# きつね丼

近又の料理教室では、丼ものを上手に作りたいというお声もよく届きます。ここでは、関西らしく「きつね丼」をご紹介しましょう。

**材料**（2人分）

油揚げ……100g
玉ねぎ……80g
卵……2個
A
- かつおと昆布のだし（P.174）……250mℓ
- 酒……大さじ1
- ざらめ糖……大さじ1（好みによって加減）
- みりん……大さじ1
- 薄口しょうゆ……大さじ1/2
- 濃口しょうゆ……大さじ1と1/2（好みによって加減）

温かいごはん……適量
粉山椒……適量
九条ねぎ……適量

**下準備**　卵は冷蔵庫から出して室温にもどしておく。※卵が冷たいまま鍋に入れると急激に温度が下がり、鍋底にくっついてしまう。

**1 材料を切る**
油揚げに熱湯をまわしかけて油抜きし、約2cm幅の短冊切りに、玉ねぎは1cm幅に切る。九条ねぎは細めの斜め切りにする。

**美味しさの手解き**
◉鍋は、あればふた付きの浅い片手親子鍋を使うと作りやすい。

**2 材料を煮る**
中鍋にAを入れて火にかけ、沸騰したら1の油揚げと玉ねぎを入れて中火で約3分火を通す。

**3 卵を溶く**
卵は1個ずつ、ムラが残る程度に混ぜる。卵を混ぜる際は黄身と白身を混ぜすぎず、分離している程度がベスト。決して泡立てないこと。

**4 卵を半熟状にする**
2の具と煮汁の半量を小鍋に移し、強火にかけて沸騰したら3をまわし入れ、半熟状になる1分弱で火を止めてひと混ぜする。**卵液を鍋に入れたら周りが固まるまで手を加えないこと。**

**5 ごはんにかける**
丼にごはんをよそい、4をのせて、仕上げに粉山椒をふり、1の九条ねぎを添える。残りも同様に。

# 親子丼

丼ものの代表といえば、「親子丼」。コツは「きつね丼」(P.139)と同じですから参考にしてください。

材料(2人分)

鶏もも肉……100g
玉ねぎ……80g
卵……2個

A
- かつおと昆布のだし(P.174)……250㎖
- 酒……大さじ1
- ざらめ糖……大さじ1(好みによって加減)
- みりん……大さじ1
- 薄口しょうゆ……大さじ1/2
- 濃口しょうゆ……大さじ1と1/2(好みによって加減)

温かいごはん……適量
粉山椒……適量
みつばの茎……適量

**下準備**　卵は冷蔵庫から出して室温にもどし、1個ずつムラが残る程度に混ぜる。

**1** 鶏もも肉はひと口大に切り、玉ねぎは1㎝幅に切る。
**2** 中鍋にAを入れて火にかけ、沸騰したら[1]を入れて中火で約3分火を通す。具と煮汁の半量を小鍋に移し、強火にかけて沸騰したら溶き卵をまわし入れ、半熟状になる1分弱で火を止めてひと混ぜする。
**3** ごはんをよそった丼に[2]をのせ、仕上げに粉山椒と5㎝長さに切ったみつばの茎を添える。残りも同様に。

# かき揚げ丼

ふんわりサクッと揚がった具だくさんのかき揚げは、軽やかで香ばしく、うまみも強く、いくらでも食べたくなる美味しさ。かき揚げは、小麦粉と片栗粉の配合、そして、穴じゃくしを使うことが秘訣です。

材料(2人分)

えび(殻付き)……3尾(75g)
さつまいも……約1.5㎝(30g)
にんじん(大)……約1/4本(30g)
しいたけ……2枚(20g)
ごぼう……約1/4本(30g)
コーン……10g
グリーンピース……20g

冷水……125㎖
小麦粉……65~70g
片栗粉……大さじ1
卵黄……1/3個分
揚げ油……適量

A
- かつおと昆布のだし(P.174)……60㎖
- ざらめ糖……大さじ1/2
- みりん……大さじ1と1/2
- 濃口しょうゆ……大さじ1
- たまりしょうゆ……大さじ1/2
- ＊なければ濃口しょうゆでもよい。

温かいごはん……適量
(あれば)粉山椒……適量

## 1 具材を切る

えびは殻と背ワタを除き、さつまいもとともに角切りに、にんじん、しいたけは細切りに、ごぼうはささがきにする。

## 2 衣を作る

小麦粉と片栗粉を合わせ、てんぷら衣と同じ要領で衣を作る（P.185の作り方1）。

## 3 具材に小麦粉をまぶす

1とそのほかの具材をザルに入れ、小麦粉（分量外）をふり入れて全体に粉をまぶす。ここで揚げ油を温め始める。

## 4 衣をつける

3を2の衣に入れてざっと混ぜ合わせ、穴じゃくしですくって余分な衣を落とす。上から大さじ1程度の衣を均等にかける。

## 5 揚げる

4を170℃の中温に熱した揚げ油の表面スレスレの位置から具材を素早く入れ、約2分揚げる。泡の音が小さくなってかき揚げが浮いてきたらしっかりと油をきりながら引き上げ、網の上にのせて油をきる。

**仕上げ**　器にごはんをよそい、かき揚げをのせる。小鍋にAを入れて火にかけ、ひと煮立ちしたらかき揚げの上にまわしかける。あれば粉山椒をふる。

### 美味しさの手解き

- かき揚げの場合、衣に片栗粉を加えると具材どうしがなじみやすく、しっとり仕上がる。
- 穴じゃくしで一度衣をきることで、全体の仕上がりが軽くなる。
- 穴じゃくしして衣をきった分、表面の衣が少なくなるので、上から再度かけることで全体の衣の具合を均等にする効果がある。
- 仕上げに、もみのりを天盛りにしても美味しい。

# いなりずし

小さなひと口サイズのおいなりさんです。食べやすく、見た目もかわいいのでお祝いの席にもお弁当にも、おもてなしにもぴったり。炊いたお揚げはうどんに入れても。

## 美味しさの手解き

◉ごはんにすし酢を混ぜるときは、すし酢をまわしかけたらひと呼吸おき、酢が下まで浸透するのを待つのがポイント。すし酢を均一に混ぜることができる。

## 材料（16個分）

油揚げ（10×10㎝の正方形タイプ）……4枚
米……1と1/2合
しょうがの甘酢漬け……4枚（市販のもの）
黒煎りごま……少々

A
- かつおと昆布のだし（P.174）……300㎖
- 酒……大さじ2
- ざらめ糖……大さじ6
- みりん……大さじ3
- 薄口しょうゆ……大さじ2
- 濃口しょうゆ……大さじ2

すし酢……68㎖（P.189）

### 1 油揚げを炊く

油揚げに熱湯をまわしかけて油抜きする。中鍋にAを入れて火にかけ、沸騰したら油揚げを入れ、再度沸騰したら中心に穴をあけたアルミ箔で落としぶたをし、強めの中火にかける。途中、油揚げの上下を返し、約3分煮る。

### 2 すし飯を作る

米を通常通りの水加減で炊き、熱いうちにすし酢をまわしかけ、全体を混ぜ合わせる。しょうがの甘酢漬けを粗みじんに切り、黒煎りごまとともにすし飯に加えてさらに混ぜ合わせる。

### 3 すし飯を丸める

2のすし飯を16等分にし、丸める。

### 4 すし飯を詰める

1の油揚げの水けをペーパータオルで挟んで軽く取る。十字に4等分に切ったら中を開いて袋状にする。3のすし飯を詰めて三角に形作り、器に盛る。

# たけのこごはん

旬のたけのこが手に入ったら、ぜひ作りたいのが「たけのこごはん」。少量のごま油を入れて炊くことで、肉や魚を入れなくてもコクとうまみがアップします。

**材料**（2合分）

米……2合
下ゆでしたたけのこ（P.183）
……100g
＊市販の水煮でもよい
かつおと昆布のだし
（P.174）……400㎖
昆布……4g
A 酒……小さじ2
みりん……小さじ1
薄口しょうゆ……小さじ2
濃口しょうゆ……小さじ2
太白ごま油……小さじ1
（あれば）木の芽（飾り用）
……適量

**下準備** だしに昆布を入れて1時間ほどおく。

**1 米をとぐ**
米をといで30分ほどザルにあげる（P.175の作り方1～3）。

**2 たけのこを切る**
たけのこは約2㎜の薄切りにして食べやすい大きさに切る。

**3 調味液につける**
ボウルに昆布入りのだしとAと1、2のたけのこを入れて20分つける。

**4 炊く**
土鍋に3を入れ、ふたをしたら強火にかける。沸騰したら昆布を取り出し、しゃもじで底から返すようにして混ぜる。すぐにふたをして、弱火で7分炊いたら火を止めて約20分おいて蒸らす。

**仕上げ** あれば木の芽を、手のひらでパンとたたいて香りを出す。茶碗に4をよそい、彩りに木の芽を添える。
※炊飯器で炊く場合は、P.43を参照してください。

# たいごはん

切り身で作る簡単な、たいの炊き込みごはんです。
たいは、さわらやかきでも美味しい。
その場合、だしはかつおと昆布のだし(P.174)でも。

**材料**(2人分)

米……2合
たいの切り身
……60g(30g×2切れ)
昆布……6g

A
- みりん……100㎖
- 濃口しょうゆ……100㎖

B
- たいだし(P.145の1)……400㎖
- 酒……小さじ4
- 塩……3g
- 薄口しょうゆ……小さじ2強

しょうが……10g

**1 米をとぐ**
米をといで30分ほどザルにあげる(P.175の作り方1〜3)。

**2 調味液につける**
たいの切り身をAに10分ほどつける。ボウルに1の米と昆布、細切りにしたしょうが、B、汁けをきったたいの切り身を入れ、30分ほどおく。

**3 炊く**
土鍋に2を移し、強火にかける。沸騰したら昆布を取り出して、底から返すようにして混ぜ、弱火にし、7分炊き、火を止めて20分おいて蒸らす。

**仕上げ** たいを崩して混ぜ、茶碗によそう。
※炊飯器で炊く場合は、P.43を参照してください。

# 豆ごはん

春になったら店先にならぶ色鮮やかなえんどう豆。
しわにならないゆでかたもご紹介します。
ごま油を少々入れることで、コクが加わります。

**材料**(2人分)

米……2合
水……400㎖
えんどう豆(なければグリーンピース)
……正味70g
※さやつきで約90g
昆布……6g

A
- 酒……小さじ2
- みりん……小さじ1強
- 塩……6g
- 太白ごま油……小さじ1

**下準備** 分量の水に昆布を入れて1時間ほどおく。米をといで30分ほどザルにあげる(P.175の作り方1〜3)。

**1 えんどう豆をゆでる**
えんどう豆のうち20粒をさやから出し、沸騰した湯で約10分ゆでたら、流水でゆっくり冷ます(この方法だと皮がしわにならない)。

**2 炊く**
土鍋にといだ米と昆布入りの水、Aを入れ、ふたをしたら強火にかける。7分ほどして沸騰したら、昆布を取り出ししゃもじで底から返すようにして混ぜ、生のえんどう豆を入れる。すぐにふたをし、弱火で7分炊く。火を止めて20分ほど、そのままおいて蒸らす。

**仕上げ** 2を器に盛り1を散らす。
※炊飯器で炊く場合は、P.43を参照してください。

# たいの潮汁

魚のあらは、うまみのかたまり。大変美味しいだしが引けます。

**材料**（2人分）

昆布だし（P.174）……1ℓ
たいのあら……400g
たいの切り身……100g
（50g×2切れ）
塩……少々
A 酒……60㎖
A 塩……少々
A 薄口しょうゆ……小さじ1/2
（あれば）巻き湯葉……適量
長ねぎの白い部分
（飾り用）……適量

**1 たいだしを引く**

あらは、さっと水洗いする。大鍋に昆布だしを入れて火にかけ、沸騰したらあらを入れ、中火で約30分炊いて、アクを引く。ペーパータオルなどを重ねたザルでこす。

**2 切り身をゆでる**

たいの切り身はひと口大に切り、塩をふって5分おき、熱湯に入れ、1分ゆでる。

**3 つゆを作る**

小鍋に1のだし300㎖とAを入れ、火にかけ温める。

**仕上げ** 長ねぎを白髪ねぎに切る（P.49）。お椀に2とあれば巻き湯葉を入れ3を注ぎ、白髪ねぎをのせる。

# さばの船場汁

具だくさんのまかない椀です。あぶらののったさばから出るだしと昆布だしを合わせた、うまみの強い一品です。

**材料**（2人分）

昆布だし（P.174）……1ℓ
さばのあら……400g
さばの切り身……120g
にんじん……30g
大根……30g
里いも……2個
塩……少々
A 酒……大さじ1
A 塩……少々
A 薄口しょうゆ……少々
万能ねぎ……適量

**1 さばだしをこす**

さばのあらを水洗いする。中鍋に昆布だしを入れて火にかけ、沸騰したらあらを入れ、中火で約30分アクを取りながらだしを引く。

**2 具材を切る**

さばの切り身は4等分し、塩をふる。30分おいて、熱湯にさっとくぐらせる。にんじん、大根、里いもは皮をむき、にんじんは2㎜厚さの半月切り、大根はいちょう切り、里いもは輪切りにし、水から約5分下ゆでする（できれば別々に下ゆでする）。

**仕上げ** 万能ねぎを小口切りにする。1のだしを中鍋に入れて火にかけ、沸騰したら2のさばを入れて中火にし、約2分煮る。2の野菜とAを加えてひと煮立ちさせたら、お椀によそい、万能ねぎをのせる。

# 七章

# おせち

おせち料理をお重に詰めるようになったのは江戸時代からといわれています。何段重ねのお重を使うか、どのお重に何をどのように詰めるかなどのしきたりなどは、地域やご家庭によって変わります。この本では、三段重ねのお重を使って、近又流家庭用おせちをご紹介します。

**壱《いち》の重**…おせち料理の基本である数の子、田作り、黒豆の〝祝い肴三種〟は、必ず壱の重に詰めます。地方によっては、たたきごぼうが祝い肴三種に入ることもあります。ふたを開けて最初に目に飛び込んでくるお重ですから、華やかな見た目や彩りも心がけて、ピンクのかまぼこやひさご玉子、鶴の千枚漬けずしなどを詰めます。

**弐《に》の重**…焼き物を中心に、ボリュームのある料理や酢の物、そして、伊達巻きやきんとんなどの甘いおかず〝口取り〟も詰めます。昔は、砂糖が何よりのごちそうでしたし、保存料の役割も果たしたのでお菓子のように甘く味付けましたが、近又では現代に合わせて甘さ控えめにしています。

**参《さん》の重**…おせちに欠かせない、根菜を使った煮物を中心に詰めます。食材ひとつひとつを別々に炊いているので、それぞれが持つ本来の味が際立ちます。

おせち料理は、全体的に茶色くて地味というイメージを持つひとも多いようですが、ここでは、少しかわいらしく、ひとつひとつをひと口サイズに仕上げ、ついついお箸をのばしたくなる工夫をしました。

また、おせち料理は、お正月だけではなく、日常から楽しんでほしいと常々思っております。黒豆や田作り、きんとんなどは、小さな箸休めにぴったりですし、煮物や酢の物はメインの一品としても活躍。飾り切りなどの細工も、テーブルが華やぐので重宝します。そして何より保存のきくものばかりですので、お店のメニューとしても、家庭での作りおきおかずとしても、作っておくと重宝します。

# 壱の重

# 黒豆

【黒豆】

豆選びの一番のポイントは、新しいものを選ぶこと。古い豆では、何時間ゆでてもやわらかくならないことも。おすすめは、丹波黒豆種の「丹波の黒豆」。少し高価ですが味わいが違います。

ふっくら、つやつやした、甘い煮豆は壱の重の主役。
「今年もまめに働けますように」という願いを込めて作ります。
3日目くらいから美味しくなりますので、数日前から準備をするといいでしょう。

**材料**（作りやすい分量）

黒豆（乾燥）……3合
黒豆をつけた水
……約6カップ
ざらめ糖……520g
塩……小さじ1
重曹……小さじ1/2

**1 水につける**

黒豆をよく洗って、黒豆がしっかりかぶるくらいの水に8時間以上つける。

**2 水けをきる**

ボウルとザルを重ねて、1の水けをきる。色みのポイントとなるので、つけた水は捨てないこと。黒豆が傷つかないように、ザルに静かにあけること。

**3 重曹入りの湯でゆでて冷ます**

大きな鍋に2のつけた水、ざらめ、塩、重曹を入れて中火にかける。沸騰したら2の豆を入れる（重曹のアルカリ性によりふっくらやわらかく煮える）。再度沸騰してきたら、アクをとり、火を止めてふたをして8時間じっくり冷ます。味をしっかりしみ込ませるために途中でふたを開けない。また、豆に傷がつくので混ぜたりもしないこと。

**4 弱火で3時間煮る**

再度火にかけて、沸騰したら弱火にしてふたをして3時間煮る。ふきこぼれないよう火加減に気をつける。

**5 火を止めてそのままおく**

火を止めてふたを開け、じっくり冷ます。

**美味しさの手解き**

◉あれば、鍋は鉄鍋を使って。黒豆のアントシアニンと鉄鍋からの鉄分が結びつき、色が安定し美しい黒に仕上がる。

# 壱の重

# 田作り

かたくちいわしの幼魚を干した〝ごまめ〟で作る、祝い肴三種の一種です。その昔、小魚を田んぼの肥料にしたことから、豊かさを祈って食べるお正月料理です。

**材料**（作りやすい分量）

ごまめ……50g

A
- 濃口しょうゆ……大さじ2
- 上白糖……大さじ1
- みりん……大さじ1
- かつおと昆布のだし（P.174）……大さじ1/2
- 赤唐辛子……1本（種を取る）

**1 レンジにかける**

ごまめを1／3量ずつ皿に広げて電子レンジ（600W）に約1分かけ、水分をとばす。パリッと折れる程度が目安。一度に電子レンジにかけると、水分がとばないので数回に分けて。

**2 煮詰める**

中鍋にAと1のごまめを入れて中火にかける。慌てずゆっくりと木べらでよく混ぜて、煮汁がまんべんなくごまめにからむように仕上げる。煮汁がほぼなくなるまで煮詰める。

**3 冷ます**

バットに2を広げて冷ます。

【ごまめ】

かたくちいわしの幼魚を乾燥させたもの。また、「田作り」のことも「ごまめ」ということも。“五万米”の文字があてられることもあることから、豊かさを象徴する材料でもあります。

### 美味しさの手解き

◉とても簡単にできるうえにカルシウムたっぷりなので、子どものおやつとしてもおすすめ。ほんのり、甘くてポリポリして、あんがい子どもは好きなんですよ。

## 壱の重

# 数の子鼈甲《べっこう》漬け

数の子はにしんのたまごです。そこから「子だくさん」、「一族の繁栄」の願いを込めて作られます。かくし味は、焼き干しするめ。下味を数の子にしっかりつける役割があります。完成まで2日かかるので29日から準備して。

### 材料（作りやすい分量）

数の子……10本（170g）
A
- かつおと昆布のだし(P.174)……300㎖
- 薄口しょうゆ……60㎖
- みりん……25㎖

赤唐辛子（小）……1本（種を取る）
干しするめ……10g
しょうが……1片強(15～20g)
昆布……5㎝角のもの1枚

### 1 水につける

数の子を容器に入れ、数の子の上1㎝くらいまで水を注いで1日つけ（大量の水につけると一気に塩が抜けてしまう）、うっすら塩けが残る程度に塩抜きする。水は、1～2度かえる。2度目の水かえのときに酒(分量外)を水に対して1割程度入れると身がしまって美味しくなる。

### 2 水で洗う

数の子を折らないように気をつけながら、薄皮を下から上（割れ目のほう）に向かって、指の腹で優しく押し上げるようにしてむき、水で洗ってザルにあげる。

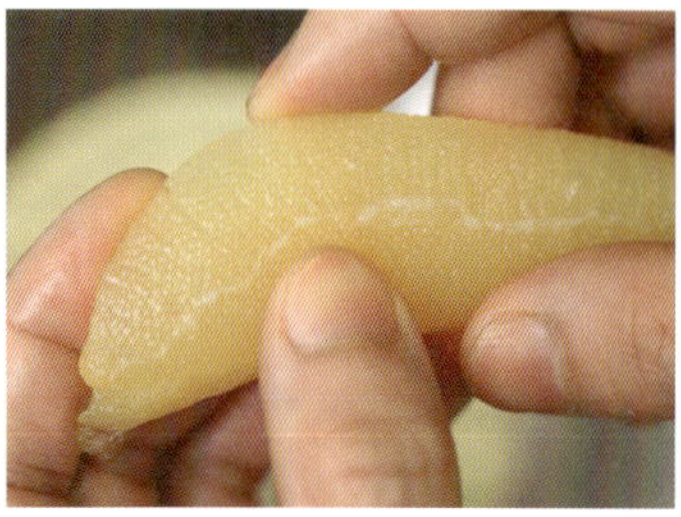

### 3 味をつける

干しするめをグリルであぶって適当な大きさにさき、しょうがはみじん切りにする。中鍋にAを入れて火にかけ、沸騰したら火を止め、赤唐辛子とさいた干しするめ、しょうがのみじん切り、昆布を入れて、そのまま冷ます。

### 4 2日以上つける

容器に2と3を入れて、2晩以上つけておく。

【数の子】
身の厚いものを選んでください。国産かカナダ産が歯ごたえがありおすすめ。また、塩抜きされているものや、漂白剤につけて薄皮がむかれているものもありますが、鮮度と美味しさを考えるとそこは自分でやりたいもの。塩抜きされておらず、薄皮が付いているものを使いましょう。

**美味しさの手解き**

◉水からあげるときに、かじってみて、好みの塩けかどうか確認するとよい。苦みが残っていたら、もう少しつける。

# 壱の重

# たたきごぼう

細くても地中にしっかり根を張るごぼうのように、幸せが細く長く続くことを願って食べる一品です。味をしっかりしみ込ませるために、ごぼうをたたいて繊維を壊してから炊くことがポイントです。

## 材料（作りやすい分量）

- ごぼう……1本（120〜150g）
- A
  - かつおと昆布のだし（P.174）……300ml
  - 薄口しょうゆ……大さじ3
  - 酢……大さじ1と1/2
  - ざらめ糖……大さじ1と1/2
- 白煎りごま……80g
- B
  - かつおと昆布のだし（P.174）……80ml
  - 上白糖……40g
  - 酢……60ml
  - 塩……2〜3g

### 1 ごぼうの繊維をつぶす

ごぼうをすりこ木などでかるくたたき、繊維をつぶす。割れないように気をつける。

### 2 ごぼうを切る

ごぼうを5cmの長さに切り、さらに縦半分に切る。太いところは、その半分をさらに2等分または3等分に切る。

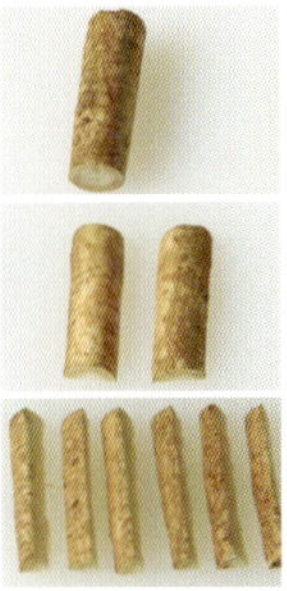

### 3 煮る

中鍋にAと2を入れて火にかけ、沸騰したら中火で15分煮る。そのまま冷まます。

### 4 ごま酢であえる

すり鉢に白煎りごまを入れて、粒が残る程度にすり、Bを加えてすり混ぜる。3の水けをきったごぼうを入れてあえる。

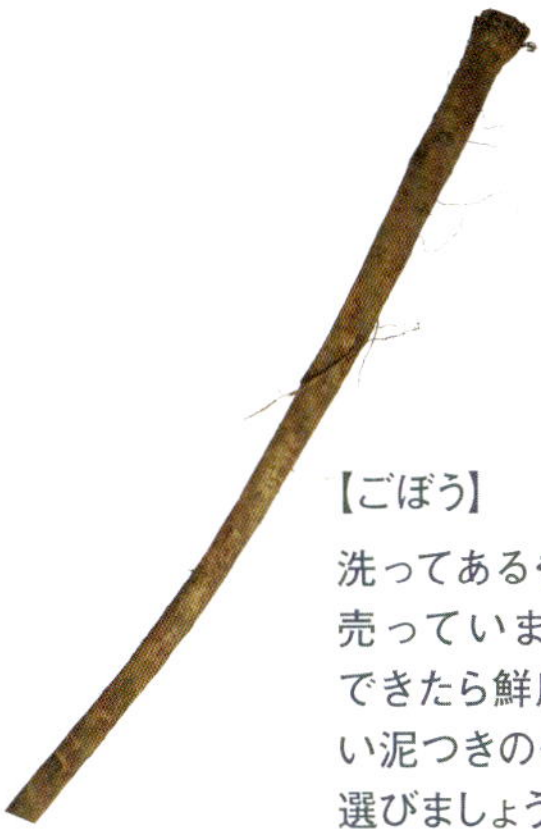

【ごぼう】
洗ってあるものも売っていますが、できたら鮮度のよい泥つきのものを選びましょう。

### 美味しさの手解き

◉2日目くらいから、より美味しくなる。

◉密封容器に入れれば、冷蔵庫で１カ月はもつので、多めに作っておくとよい。

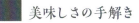

# 壱の重

# 鶴の千枚漬けずし

千枚漬けですし飯をくるんで作る棒ずしです。棒ずしと聞くと、とても難しいと感じるかもしれませんが、おむすび感覚で作れて簡単ですからぜひ作ってみてください。紅しょうがの赤とのりの黒で、お正月らしく鶴に見立てています。

**材料**（作りやすい分量）

千枚漬け……2枚
たいの刺身……6切れ
木の芽……6枚
焼きのり……適量
紅しょうが……適量
すし酢（P.189）……適量
温かいごはん……1/2合分

### 1 すし飯を作る

ボウル、またはすし桶に温かいごはんを入れ、すし酢を味見しながら好みの分量加えて、しゃもじでごはんを切るようによく混ぜ、すし飯を作る。決してこねないこと。

### 2 すし飯を棒状にする

1のすし飯半量をかるく握り、手のひらを使って下にぐっと押しつけながら5㎝角の棒状に形作る。

### 3 巻きすの上に具材をのせる

巻きすにラップを敷き、手前3㎝をあけたところに千枚漬け1枚をのせて、たいを3枚並べ、さらに木の芽を3枚手でパンとたたいて上に並べる。

### 4 棒ずしを作る

3の中心に2のすし飯をのせ、手前から巻く。ラップがゆるいと切りにくいので、途中でラップをぎゅっとひっぱるとよい。これを2つ作る。

**美味しさの手解き**

◉ゆずの皮のせん切りを木の芽のかわりに巻いても美味しい。

◉棒ずしは鶴に見立てるため3個セットでお重に詰める。

# 壱の重

# 亀甲《きっこう》小いも

鶴は千年、亀は万年といわれるように鶴と亀は長寿の象徴。小さめの里いもを、お正月らしく、おめでたい亀の甲羅に見立てて六角形に切ってお重に詰めます。茶色く煮るのではなく、薄口しょうゆでほのかな鼈甲色に煮ることで、上品で繊細な印象に。

【里いも】

小さくて、けれどもずっしりと重いものを選びます。大きさは同じくらいにそろえて。おせちには、小さめサイズの「小いも」を使って。

## 材料（作りやすい分量）

小いも……6個（180g）
米のとぎ汁……適量

A
- かつおと昆布のだし（P.174）……250㎖
- 酒……大さじ1
- ざらめ糖……大さじ1/2
- 薄口しょうゆ……小さじ1と1/2
- みりん……大さじ1/2

### 1 いもを六方にむく

小いもの皮を六角形になるようにむく。包丁は上から下に向かって樽の形になるように入れる。

### 2 米のとぎ汁でゆでる

中鍋に小いもが隠れるくらいの米のとぎ汁と1の小いもを入れて、約12分、竹串がすっと通るまでゆでて流水でさらす。

### 3 炊く

小鍋にAと2の小いもを入れて、沸騰してから3〜4分中火でふたをせずに炊き、火を止め、そのまま冷ます。大きければ、横半分に切る。

**仕上げ**　紅しょうがをみじん切りにする。棒ずしの両端を少し切り落としたらラップごと3等分に切り、3個ずつに分けたらラップを取る（包丁は1つ切るたびにぬれ布巾でふく）。写真のように焼きのりを3㎜幅の帯状に切ってすしの片端に巻き、のりの反対側に紅しょうがを置く。

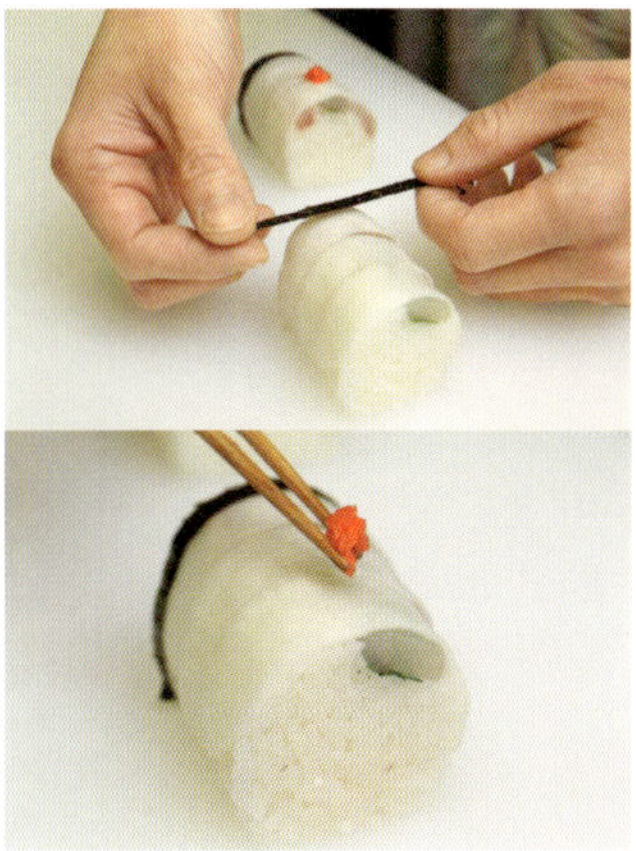

【千枚漬け】

京都の代表的な漬物のひとつです。聖護院《しょうごいん》かぶらを極薄切りにし、塩や酢、砂糖、みりん、昆布、唐辛子などで甘酸っぱく漬けたもの。最近では、全国のスーパーで売っています。

# 壱の重

# ひさご玉子

ひさごとは、ひょうたんのこと。縁起のいいひょうたん形に細工した、たまご焼きをお重に入れます。特別な道具も、難しい技術も必要ありません。近又が主宰している食育教室でも、小学生たちが作っているくらいですから簡単です。

**材料**（作りやすい分量）

卵（L玉）……3個 ※室温にもどす。
かつおと昆布のだし（P.174）……75㎖
薄口しょうゆ……小さじ2
サラダ油……適量

### 美味しさの手解き

◉きれいに作るためには、だし巻きが熱いうちに巻きすで形作ること。

◉ 24 × 21㎝のちょうどよいサイズの巻きすが 100 円ショップでも売っていましたよ。

**1 卵を溶く**

ボウルにだしとしょうゆを入れ、卵を割り入れたら菜箸でしっかり溶き混ぜる。

**2 だし巻きを作る**

だし巻き用のフッ素樹脂加工の卵焼き器（18×13㎝）を熱し、油を薄くひき、菜箸の先についた溶き卵を落とし、小さくジュッと音がしてすぐに火が通ったら焼き始める。

1の半量を流し入れ、向こう側に巻く。

あいたスペースにペーパータオルなどで薄く油をひく。巻いた卵を手前に移動させて、卵があった部分にも油をひく。

あいた部分に残りの溶き卵を流し入れ、手前から巻き込んでいく。

**3 巻きすで巻く**

卵焼き器から巻きすの中央にだし巻き卵を移し、巻いたら両端を輪ゴムでとめる。

卵の上から2／3のあたり、ひょうたんのくぼみ部分にあたるところに両側から菜箸を挟み、巻きすを立てて菜箸を輪ゴムでとめる。

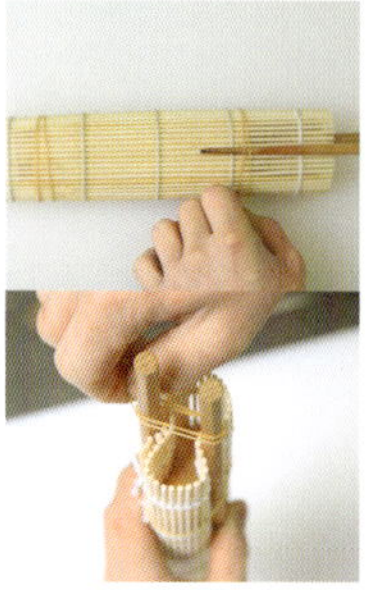

ひょうたんの口のくぼみの部分にクリップを2つ止め、10分ほどおく。巻きすを開き、冷ましてから1㎝厚さに切る。

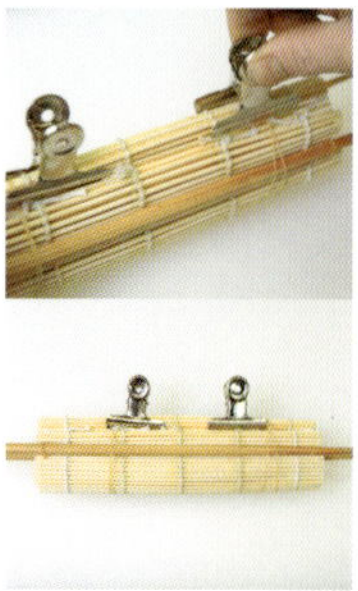

## 壱の重　花菜のわさびしょうゆあえ

新春らしく花菜（菜の花）をお重に詰めていただきます。だしさえ作っておけば、あっという間。お正月料理としてだけでなく、ふだんから気軽に作ってほしい一品です。

**材料**（作りやすい分量）

花菜（菜の花）
……10本（60g）
生わさびのすりおろし
……適量
A 濃口しょうゆ
……大さじ1
A かつおと昆布のだし
（P.174）……大さじ2

下準備　氷水を用意する。

**1 花菜をゆでる**
小鍋にたっぷりの湯を沸かし、塩少々（分量外）と花菜を入れて約1分ゆでる。

**2 氷水に取る**
1をすぐに氷水にとって冷まし、色止めする。これで、鮮やかなグリーンを保つ。粗熱が取れたらしっかりしぼる。

**3 あえる**
生わさびとAをボウルに入れ、2を加えてよくあえる。

---

## 壱の重　かまぼこの飾り切り2種

お重の中でもひときわ目をひくかわいらしいかまぼこ。小さな細工をほどこすだけで、お重や器の中がぐっと華やぎます。お雑煮などに入れるかまぼこも、ぜひ飾り切りに。

### 祝い結び

かまぼこを7㎜幅に切り、写真のように上、下、真ん中に切り込みを入れる。

上の部分を真ん中の穴に下から通し、下の部分を上から穴に通して完成。

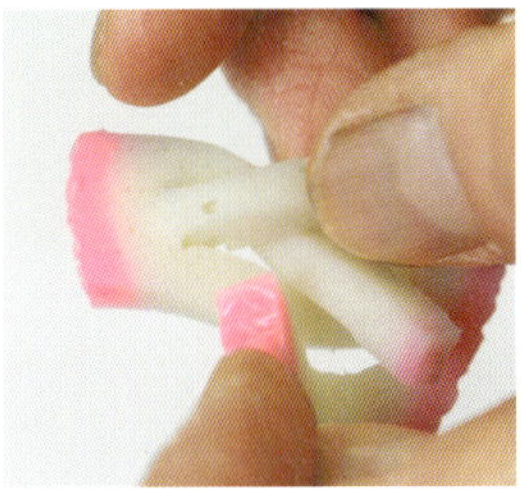

### うさぎ

かまぼこを7㎜幅に切り、白い部分を少しつけて赤い部分を2／3くらいまで切る。

切った部分の中央に1本切り込みを入れる。

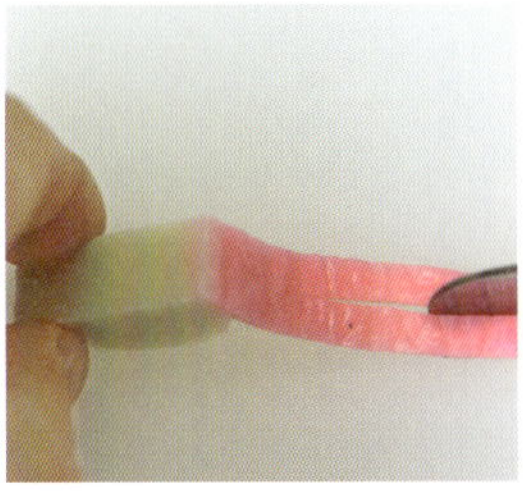

切った部分の先を切り込みに内側からくぐらせる。

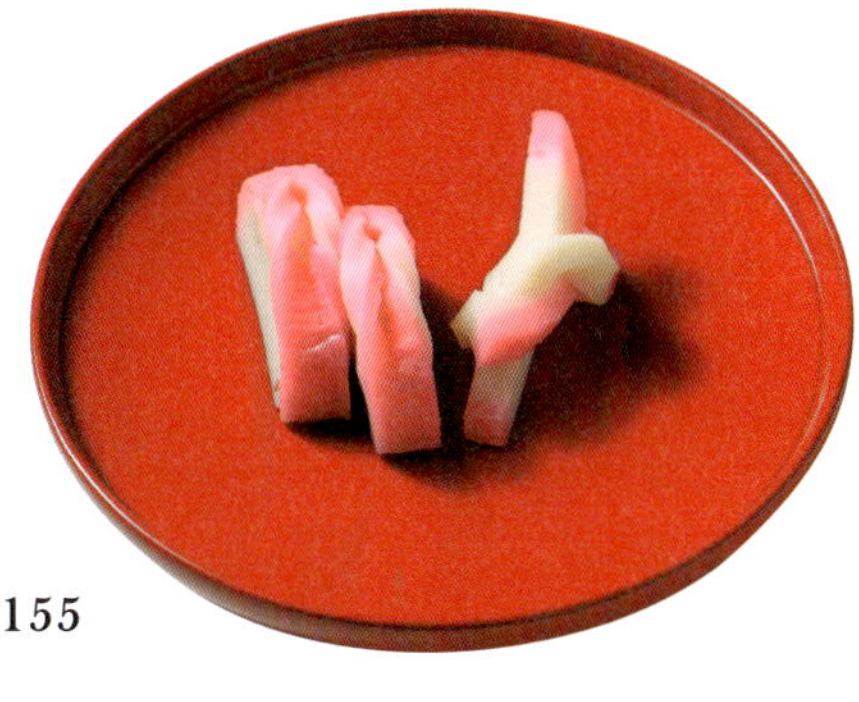

# 壱の重の詰め方

精魂込めて作ったおせち料理。
お重の詰め方で、より美しく、
美味しそうに見えます。
ふたを開けたときに
「わー」っと歓声が上がるような
お重の詰め方のコツを
手順写真付きでご紹介しましょう。

**1 奥の左端から詰める**

「ひさご玉子」6個を2段に重ねて左端から詰める。
◎中心から詰めていくやり方もあるが、慣れないうちは、端から詰めていくほうが場所が定まりやすい。

**2 奥の右端とその下のスペースに詰める**

「鶴の千枚漬けずし」を斜めに少しずらしながら詰める。その下に「亀甲小いも」を3つ三角形になるよう詰める。

**3 中央に器をおいて左端真ん中と右手前に詰める**

中央に「黒豆」を入れた器を置き、その左端に「かまぼこの飾り切り」を詰め、右手前に「数の子鼈甲漬け」を中央の器に向かって斜めに置く。
◎黒豆の器はお重の高さに合うもの。そして中央に収まる大きさのものを選ぶ。

**4 左手前に2種詰める**

左手前に「たたきごぼう」と「田作り」をお重の高さまで詰める。

**5 手前中央に**

手前中央に「花菜のわさびしょうゆあえ」を詰めたら、全体に「ねじり梅」を散らし、「絹さやの煮びたし」は5枚、3枚と組み合わせて器の隣に差し込む。

# 弐の重

# ひと口伊《だ》達《て》巻き

昔は、文書や絵は巻物にしており、とても貴重なものでした。そんなことから教養や文化が身につくことを願ってお重に詰めた料理です。今回は、食べやすく、見た目もかわいらしいひと口サイズにしました。

**材料**（作りやすい分量）

白身魚のすり身……50g
＊市販のものでよい。
大和いも
……皮つきで20～25g
卵……3個
A
かつおと昆布のだし
（P.174）……50㎖
みりん……50㎖
上白糖……30g

【大和いも】
山いもの１種で、つくねいもとも、山のいもともいいます。よく、長いもと間違えられますが、必ず、粘り気の強い大和いもを選んでください。手に入らない場合は「つくねいも粉」を使用しても。ネットショップなどで購入できます。

### 1 具材をすり混ぜる

すり鉢にすり身を入れてすりのばし、細かいおろし金で皮をむいた大和いもをすりおろして、すり鉢に加え、しっかりすり混ぜる。

### 2 卵と調味料と混ぜ合わせる

溶いた卵をボウルにザルでこし入れ、Aも加えてしっかり混ぜる。それを1に徐々に流し入れてすりこ木ですり混ぜる。

### 3 グリルで焼く

20×14・5㎝のフッ素樹脂加工の容器に2を流し入れて上にアルミ箔でふたをする。グリルに入れて両面焼きなら中火で約3分焼き、アルミ箔をはずして弱火にして約1分、表面に焦げ目がつくまで焼く（片面焼きの場合は容器にアルミ箔をかぶせまずはコンロにのせて弱火で3分焼く。次にグリルに入れ弱火で3分焼き、仕上げにアルミ箔をはずし、うっすら焦げ目をつける）。

### 4 巻く

巻きすの中心に3を置き、手前から巻く。巻いたら手前に寄せて、さらに巻きすで巻いて円形に形作る。輪ゴムでとめて立てて30分以上そのままおいて冷ます。約3㎝の食べやすい厚さに切り分ける。

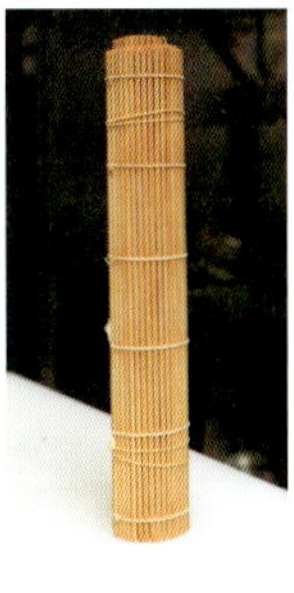

**美味しさの手解き**

◉オーブントースターで焼く場合はアルミ箔をかぶせて160℃で10分、アルミ箔を取ってふっくらと火が通っていたら温度を上げて焦げ目を作る。

◉フッ素樹脂加工の容器がない場合、ホウロウなどの耐熱容器にオーブンシートを敷いて焼く。

◉卵焼き用フライパンで厚焼きたまごにして、ひと口サイズに切り、お重に詰めてもよい。

◉すり身は、たいやすずきなどの白身を包丁でたたいてすり鉢ですりつぶして作ってもよい。

## 弐の重

# 日の出たらこ

初日の出をイメージして作った、愛嬌《あいきょう》のある一品です。甘酢につけた大根でたらこをくるりと巻くだけ。甘じょっぱく、日本酒やビールによく合います。

**材料**（作りやすい分量）

大根……10㎝
たらこ……2腹（140g）

A
- 酢……200㎖
- 上白糖……大さじ4
- 塩……少々
- 薄口しょうゆ……小さじ1

### 1 甘酢を作る

小鍋にAを入れて沸騰させ、上白糖をしっかり煮とかしたら火を止めて、そのまま冷ます。

### 2 大根をかつらむきにする

大根の皮を厚くむき、1㎜厚さ×10㎝幅×40㎝長さのかつらむきにする。それを4枚作る（かつらむきはできるだけ薄く切ること。途中で切れても大丈夫です）。

### 3 塩水につける

器に2％の塩水（分量外）を作り2の大根を1時間以上つけてやわらかくする。

### 4 甘酢につける

3の大根を1の甘酢に3時間以上つけておく。

### 5 たらこを巻く

4の水けをペーパータオルでふきとり、大根2枚を重ねたらこを芯にして巻く。ラップの上にのせてくるみ、両端をねじり、しばらくおいて味をなじませる。お重の高さに合わせて輪切りにする。

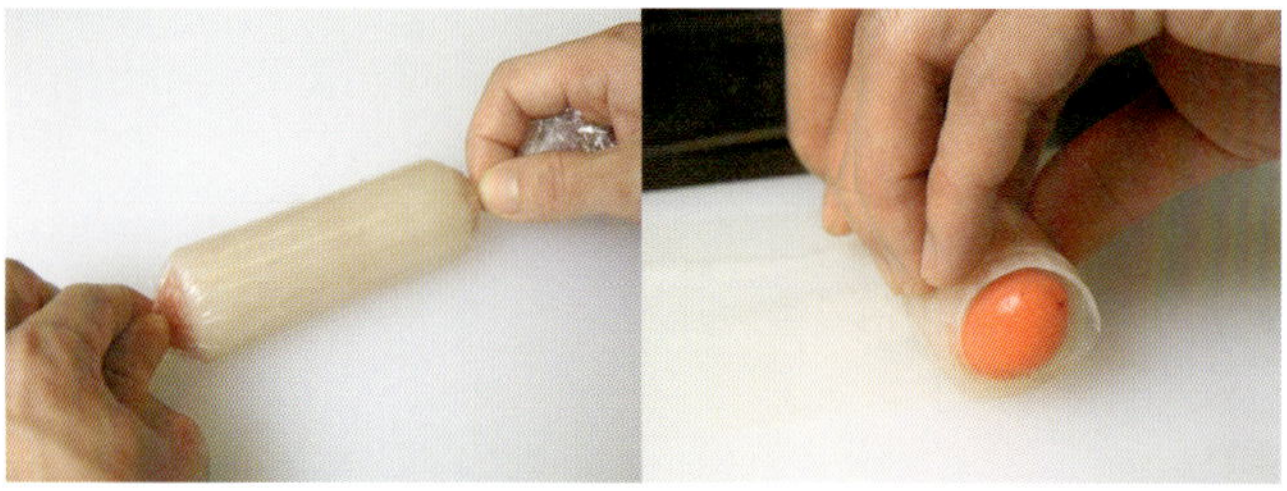

**美味しさの手解き**

◉かつらむきは多少の技術がいるので、ふだんから練習しておきましょう。

## 弐の重

# 市松真丈《いちまつしんじょう》

紅白の市松に並べた野菜をピンク色のすり身で囲んだ、かわいらしくポップな一品。お重の中を明るく、華やかにします。揚げたすり身の香ばしく、またふんわりした食感と、中の野菜の歯ごたえが、美味しいハーモニーを奏でます。

### 材料（作りやすい分量）

京にんじん……1/2本（150g）
長いも……10g
大和いも
……皮をむいて80g
A 白身魚のすり身……180g
＊市販のものでよい。
A かつおと昆布のだし（P.174）……80㎖
食紅……2〜3滴
小麦粉……適量
揚げ油……適量

**1 野菜を棒状に切る**
京にんじんと長いもは皮をむき、7㎜角×10㎝長さの棒状に4本ずつ切る。同じ大きさに切りそろえること。

**2 にんじんをゆでる**
中鍋に1のにんじんを水からゆでて、沸騰してから2分、少し芯が残る程度にゆでる。長いもはさっと湯に通す。

**3 すり混ぜる**
細かいおろし金で皮をむいた大和いもをすり鉢にすりおろす。そこにAを加えてすり混ぜたら、食紅をスプーンで少しずつ入れて淡いピンクに色づけ、よく混ぜる。

**4 流し缶に敷き詰める**
流し缶に3を1／3の高さまで入れる。2の長いもとにんじんに小麦粉をまぶし、流し缶の中に、市松模様になるように交互に置く。さらに残りのすり身をのせて隙間ができないように上から押さえる。

**5 蒸す**
蒸し器を強火にかけ、蒸気が上がったら4をのせ、ふたをして約10分蒸す。

**6 揚げる**
流し缶から5を取り出す。揚げ油を170℃の中温に熱し、5を入れて表面にきれいに焦げ目がつくまで揚げる。網にあげて油をきる。

**7 切る**
6が冷めたら、1㎝厚さに切る。

【京にんじん】
お正月に出回る、色鮮やかで細長いにんじんです。甘みが強く、関西ではお正月の時期によく使われます。金時にんじんともいいます。京にんじんが手に入らないときは、ふつうのにんじんでも。

### 美味しさの手解き

◉すり身は店により水分量が違うので、だしの量などを加減すること。すり身がない場合はたいやすずきなどを包丁でたたいてすり鉢ですりおろすとよい。

◉かわいらしいので、雛祭りの料理としてもおすすめ。

# 弐の重
# 豆きんとん

お正月料理で〝きんとん〟といえば、栗とさつまいもで作る黄色い栗きんとんを思い浮かべる方が多いかもしれませんね。今回は、甘くしっとり炊き上げた白いとうろく豆と、ぬれ納豆で作る「豆きんとん」をご紹介します。

**材料**（作りやすい分量）

とうろく豆（乾燥）
……3合
水……100㎖
ざらめ糖……300g
ぬれ納豆……適量
※市販のもの。

**下準備**　とうろく豆をたっぷりの水（分量外）に1晩つけておく。冬は1日半つける。

**1 豆をゆでる**
大鍋に水につけた豆とたっぷりの水（分量外）を入れて火にかける。沸騰してから新豆なら約1時間、ふたをしてやわらかくなるまでゆでる。

**2 豆を炊く**
1をザルにあげて水をきる。大鍋に豆と分量の水とざらめを入れて中火にかけ、ふたはせずに、約5分炊く。炊き上がったら、火を止めてそのままおいて冷ます。豆を炊くときは、表面がぐらぐらしないよう、静かにコトコト炊くこと。

**3 裏ごしする**
冷ました2の豆を裏ごし器でこす。

**4 茶巾にする**
3をひと口程度の分量を取って丸めたら、ぬれ納豆を数粒のせて押し込む。布巾で包み、ぎゅっとしぼって茶巾しぼりにする。

【とうろく豆】

真っ白で大粒の豆。大福豆（おおふくまめ）ともいわれます。加熱するとほっくりと甘くなるので、きんとんにはぴったりです。白いんげん豆という名で売られていることもあります。豆は必ず新しいものを使います。古い豆だとゆでてもなかなかやわらかくなりません。

# 弐の重

# さわらの西京焼き

日もちして、お酒にもよく合う西京焼きは、おせち料理にぴったりです。また、さわらは成長度合いによって、さごし→やなぎ→さわらと呼び名が変わる出世魚。家族の出世を願ってお重に詰めます。

**材料**（作りやすい分量）

さわら（切り身）
……35g×6切れ
塩……適量
西京味噌……500g
＊あれば西京漬け専用に作られた荒味噌を使う。

### 1 さわらに塩をする

さわら全体に塩をふり、30分ほどおく。

### 2 さわらをつける

保存容器に西京味噌半量を敷き詰める。ガーゼを敷き、上にさわらを並べてガーゼをかぶせ、残りの西京味噌を全面に敷き詰める。冷蔵庫で1日半おく。

### 3 さわらを焼く

グリルにアルミ箔を敷き、さわらを並べる。両面焼きの場合は、弱火で8分、片面焼きの場合はアルミ箔をかぶせて片面5分ずつ、火が通るまで焼く。仕上げにアルミ箔を開け、両面に焦げ目がつくまで焼く。焦げ目をつけることで、味噌が焼けて美味しくなる。

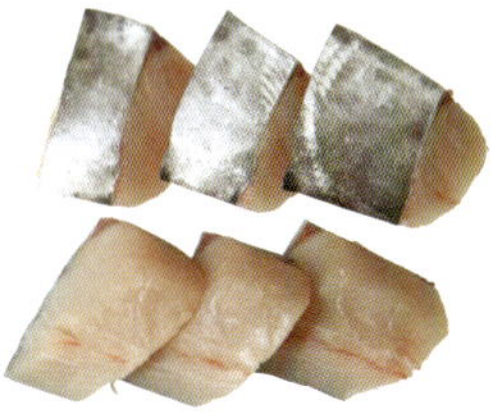

【さわら】

新鮮なさわらの切り身は、身が美しいあめ色で、血合いの色の部分が鮮やか。斑紋がはっきりしています。選ぶときは、これらの点をチェックしましょう。さわらは漢字で書くと鰆。春という字がつくくらいなので旬は、春。2月の終わりから産卵前の6月までです。さらに、脂ののった冬、12月～2月が美味しい時期です。

## 美味しさの手解き

- ◉さわらのほか、ぎんだらやさけでも美味しいです。
- ◉手に入れば西京漬け用に作られた、酒などが入っていないストレートの荒味噌がおすすめ。ネットショップなどで購入可能。
- ◉近又では、漬け床に酒やみりんは入れていません。

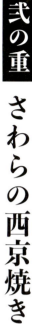

# 弐の重　金柑の甘煮

甘く、ほんの少し苦い冬の水菓子、金柑をシンプルな砂糖水でじっくり炊きあげます。また「金冠」という文字をあて、宝物に見立て、年の初めに豊かさを祈りながらお重に詰めます。箸休めとしてはもちろん、お正月の小さなおやつにもどうぞ。

**材料**（作りやすい分量）

金柑……20個
上白糖……500g
水……500ml

**1 金柑に筋目を入れる**

金柑の皮に約7mm幅間隔で切り目を入れる。

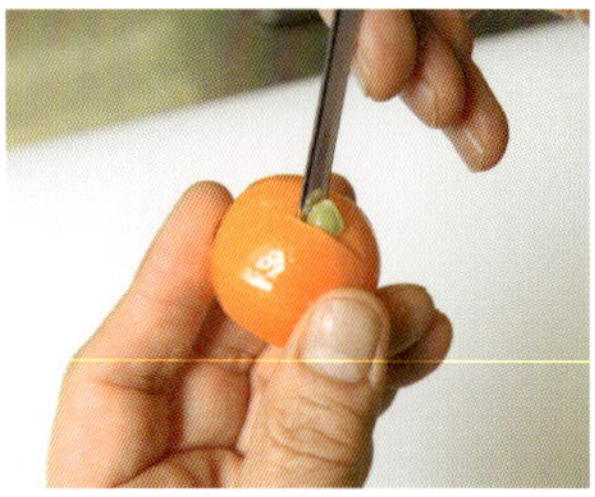

**2 金柑をゆでる**

小鍋に金柑がしっかりかぶる程度の湯（分量外）を沸かし、1の金柑を入れて中火で約4分、やわらかくなるまでゆでる。細いスプーンなどで切り目から種を取り出す。

**3 シロップで煮る**

小鍋に2の金柑と分量の水と上白糖を入れ、ふたはせずに火にかけ、沸騰してから弱めの中火で約3分炊く。火を止めてそのままおいて冷ます。

# 弐の重　菊かぶら

お重の中に、花を咲かせる菊かぶら。この切り方をマスターすれば、お正月だけでなく、秋のおもてなし料理にも活躍します。見た目ほど、難しくありませんので、ふだんの酢の物でも作ってみてください。

**材料**（作りやすい分量）

聖護院かぶら
……1/8個（約200g）
＊小かぶでもよい。

A
酢……200ml
上白糖……35g
塩……少々
薄口しょうゆ
……小さじ1/2
かつおと昆布のだし
（P.174）……150ml

赤唐辛子……1本
紅しょうが……適量

**1 甘酢を作る**

小鍋にAを入れて沸騰させ、上白糖をしっかり煮溶かしたら火を止めて、そのまま冷ます。

**2 聖護院かぶらに切り目を入れる**

聖護院かぶらを3cm厚さの半月切りにし、皮をむく。端から深さ2/3程度の切り目を細かく入れていく。さらに聖護院かぶらの向きをかえて、碁盤の目状に切り目を入れる。

**3 聖護院かぶらを切る**

切り目を入れた面を下にして1.5cm角に切りそろえる。塩少々（分量外）を全体にふり約30分おいてペーパータオルで水けをふく。

**4 甘酢につける**

赤唐辛子の種を除き、1に加え、3の聖護院かぶらを一晩つける。

**仕上げ** 4の水けをペーパータオルなどでふき取り、切り目を開いて花のように整え、Aに入れた赤唐辛子を細かく切って中心にのせる。

# 弐の重

# 紅白ごまあえ

おせちといえば、大根とにんじんで作る紅白なますが一般的ですが、酢の物は菊かぶらを入れておりますので、バランスを考えてごまあえにしました。甘すぎない、コクのあるごまあえは、おせち料理としても人気があります。

**材料**（作りやすい分量）

京にんじん（金時にんじん）……3cm（40g）
大根……3cm（50g）
みつばの軸……3本
ゆずの皮……適量
白煎りごま……大さじ2と1/2
上白糖……小さじ1弱
薄口しょうゆ……小さじ1/2

**1 材料を切る**

京にんじんと大根は皮をむいて長さ3cm、幅1・5cmの短冊切りにする。みつばの軸を約3cmの長さに切り、ゆずの皮はせん切りにする。

**2 野菜をゆでる**

小鍋に湯を沸かし、塩少々（分量外）を入れ、1のにんじんと大根を約3分、歯ごたえが残る程度にゆで、ザルにあげる。

**3 ごまであえる**

すり鉢で白煎りごまをすり、上白糖としょうゆを加えてさらに混ぜ、水けをしっかりきったにんじんと大根、みつばの軸、ゆずの皮も加えてあえる。

## 弐の重の詰め方

「ひと口伊達巻」のうずまき模様や「市松真丈」の市松模様、「豆きんとん」の水玉に、まんまるの「金柑の甘煮」や「菊かぶら」など、かわいらしくて華やか、そして愛嬌のある弐のお重は、その形や色が目立つように整然と詰めます。

### 1 奥を詰める

奥の左に「日の出たらこ」を、その下に「ひと口伊達巻き」を、その横、右端に「市松真丈」をお重の上まで重ねて詰める。

### 2 中央の左端、中央、手前右下に詰める

中央左に小さな器に盛った「紅白ごまあえ」を置き、中央から右端にかけて「さわらの西京焼き」をお重の上まで重ねて詰める。手前右下に「菊かぶら」をきゅっと寄せるように詰めてから重ねる。「菊かぶら」を重ねるときは、下のかぶらがつぶれないようにふわっと置く。

### 3 左端と中央手前に詰める

手前の左端に「豆きんとん」を重ねて詰める。重ねるときは下の豆きんとんがつぶれないようそっと置く。手前中央に「金柑の甘煮」を重ねて置く。下に4個、上に3個と数を変えて置くと安定する。

### 4 「ねじり梅」と「絹さやの煮びたし」を散らす

甘い味が隣のおかずに移らないよう「日の出たらこ」と「ひと口伊達巻き」の間に、また「さわらの西京焼き」と「金柑の甘煮」の間に「絹さやの煮びたし」を差し込む。「ねじり梅」は、色みが重ならないよう茶色の「さわらの西京焼き」の上に散らす。

# 参の重

# 糸巻き高野豆腐

お正月の玩具、凧をかたどっています。また、古来から邪気を払う力があると信じられてきました。高野豆腐の材料である大豆には、1年の厄災を払うという願いを込めて、いただきます。

**材料**（作りやすい分量）

高野豆腐（10×8㎝）……3個
かんぴょう……適量
塩……適量

A
- かつおと昆布のだし（P.174）……500㎖
- 酒……大さじ2
- 薄口しょうゆ……大さじ2と1/2
- ざらめ糖……大さじ3
- みりん……大さじ1

**1 高野豆腐をもどす**

高野豆腐をぬるま湯(50℃)につける。ややわらかくなったら十字に4等分し、もう一度つけて、やわらかくする。十分に水分をきる。

**2 かんぴょうを水洗いする**

かんぴょうを水にぬらし、塩もみしたら、15分おく。大鍋にたっぷりの水をはり、水から中火でやわらかくなるまでゆでる(30分~1時間が目安)。しっかり水洗いする。

**3 かんぴょうを切る**

かんぴょうの幅が太いときには、ホースのように巻いて半分に切る。

**4 高野豆腐をかんぴょうで巻く**

1の高野豆腐に、水けをしぼったかんぴょうを縦に3巻き、横に3巻きする。最後は箸の先を使ってかんぴょうの間にくぐらせてとめる。

**5 炊く**

中鍋に4とAを入れて中火にかけ、ふたをせず沸騰してから5分炊く。しばらくそのままおいて冷ます。

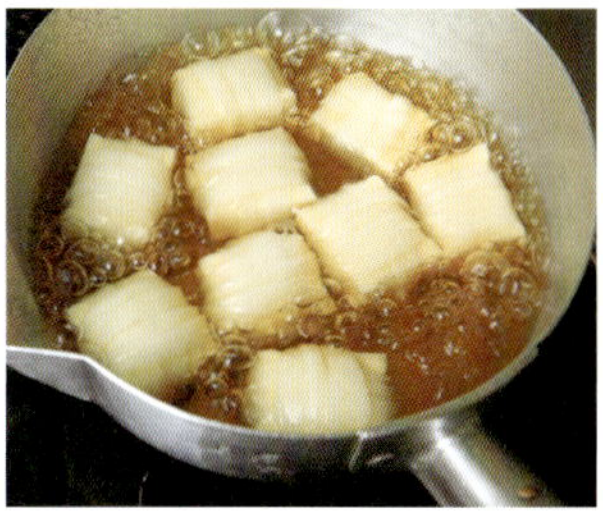

### 美味しさの手解き

◉衣食住の“衣”にも困りませんようにと、かんぴょうで巻いて、糸巻きに見立てています。おしゃれが好きな方や洋服や着物のお仕事に携わっている方は、ぜひ、お重に詰めてみてください。

【高野豆腐】

高野豆腐は、豆腐を凍らせ乾燥させたものです。栄養価も高く老化予防に役立つといわれるビタミンEや代謝を促進する大豆サポニンのほか鉄分、マグネシウム、亜鉛、食物繊維などが豊富です。高野豆腐の大きさはさまざまですが、今回は10×8㎝のものを使用しました。

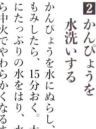

# 参の重

# 鴨ロース

近又の料理教室で、よく「鴨ロース」の作り方を知りたいというリクエストをいただきます。脂肪の融点が低く、冷えても口の中でまろやかに溶けるので、温めなおさなくても美味しくいただけます。

**材料**（作りやすい分量）

合鴨……500g

A
- かつおと昆布のだし（P.174）……400㎖
- 濃口しょうゆ……400㎖
- みりん……400㎖
- 酒……200㎖
- ざらめ糖……大さじ5

**下準備** 蒸し器にボウルを入れて火にかける。

**1 鴨の下処理をする**

赤身の余分な脂や薄皮を取り除く。肉の中心の血管部分をぐっと寄せ上げて血を出し、ペーパータオルでしっかり吸い取る（P. 27の1 2参照）。

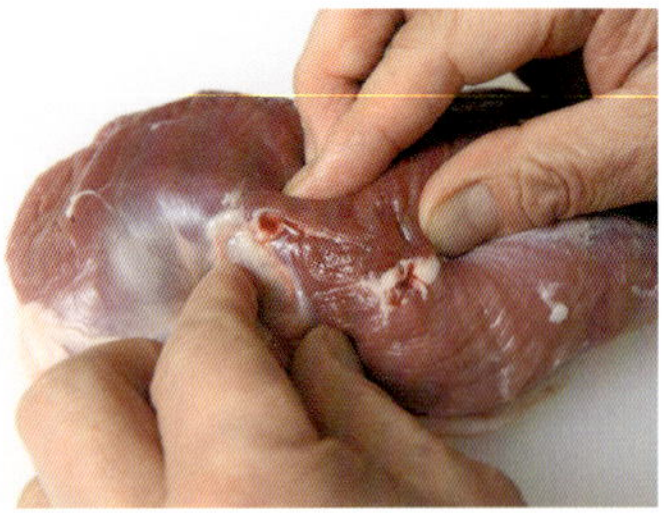

**2 皮に切り目を入れて焼きつける**

皮に縦に切り目を入れる。

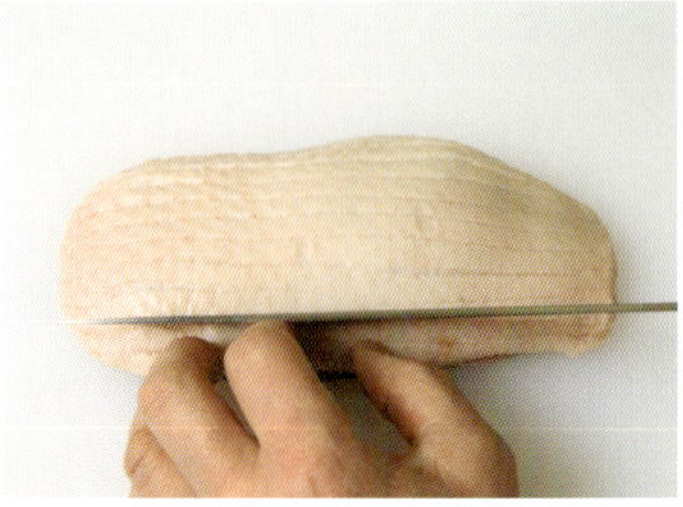

フライパンを熱したら皮目から鴨を入れ、ペーパータオルで脂をふきとりながら全面に焼き目をつける（皮から出る脂で焼くので油はひかなくてよい）。

**3 蒸す**

中鍋にAを入れてひと煮立ちさせたら2を入れる。再度煮立ったら、蒸気の上がった蒸し器に入れておいたボウルに移し、15分蒸す。蒸し器から取り出し、そのままおいて冷ます。

**仕上げ** 繊維に直角に包丁を入れて5㎜幅に切る。

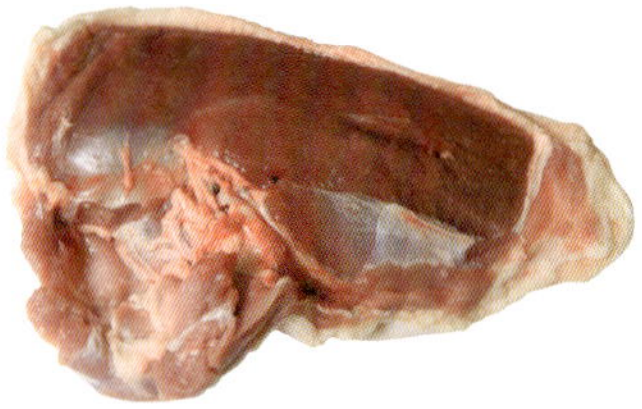

【合鴨】

新鮮な鴨を見分けるポイントは、持ったときにずっしりと重く、また肉色が鮮やかであること。合鴨は、鴨とあひるの交配種で生まれた食材です。生活習慣病の予防に力を発揮するといわれる不飽和脂肪酸も多く、ヘルシーな肉でもあります。

# 参の重

# しいたけの土佐煮

参の重には野菜の炊き物を主に詰めます。肉厚で、だしの味がじわりと口のなかに広がるしいたけは欠かせません。ここでは、かつお節のうまみをしっかりしみ込ませた土佐煮を紹介します。

**材料**（作りやすい分量）

しいたけ……8枚（120g）
ごま油……小さじ1
A
- かつおと昆布のだし（P.174）……250㎖
- 酒……大さじ1
- 濃口しょうゆ……大さじ1と1/3
- みりん……大さじ2

かつお節……5g

**1 しいたけに切り込みを入れる**

しいたけの石づきを切り、表面に格子状に切り込みを入れる。

**2 しいたけを焼く**

フライパンを熱し、ごま油をうすくひき、1のしいたけを両面焼きつけ火を通す。

**3 しいたけを炊く**

小鍋にAを入れて火にかけ、沸騰したら2の焼きしいたけを入れて中火で約5分煮詰める。煮汁が1／3くらいになったらかつお節を加えて、かつお節がしいたけにからまったら火を止める。そのままおいて冷ます。

【しいたけ】
かさが肉厚であまり開いていないもの。さらに、かさの裏が白っぽく薄く膜が張ってあるようなものを選びましょう。

# 参の重

# ねじり梅

新春らしく梅の形をしたにんじんをお重に。参の重だけでなく、すべてのお重にねじり梅を散らして華やかに飾ります。お雑煮に入れたり、煮物に添えたりと飾り切りをひとつ覚えておくと便利です。

**材料**（作りやすい分量）

京にんじん（金時にんじん）……約9㎝

A
- かつおと昆布のだし（P.174）……250㎖
- 酒……大さじ1
- ざらめ糖……大さじ1/2
- 薄口しょうゆ……小さじ2
- みりん……小さじ1/2

**1 にんじんを梅の形にする**

にんじんを3㎝の長さに切ったら梅型で型抜きし、1㎝厚さに切る。花びらの間から中央にかけて包丁で切り込みを入れる。その切り込みに向かって片側から斜めに包丁を入れて身を削る。

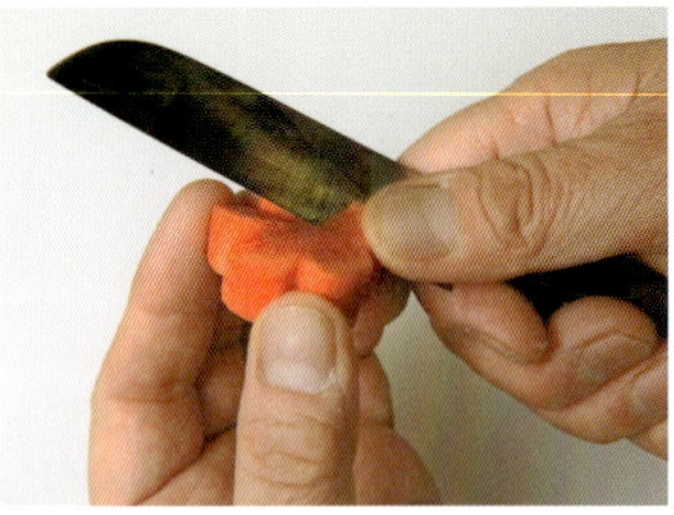

切り込みに向かって斜めに包丁を入れて削る。

**2 下ゆでする**

小鍋に水をはり、1のにんじんを入れて火にかける。沸騰してから約3分、竹串が途中まで刺さる程度にゆでて、ザルにあげる。

**3 炊く**

小鍋にAを入れて火にかけ、沸騰したら2を加える。再び沸騰してから約2分、竹串がすっと通るまで炊く。火を止めてそのままおいて冷ます。

**美味しさの手解き**

◉切り込みが深すぎるとゆでたときに割れるので気をつけること。

◉ねじり梅は、お重や器に入れると料理がパッと華やぎます。お好みで倍量作っておいて、いろいろなものに添えてください。

◉お雑煮との相性もいいのでおすすめです。

参の重

# 昆布巻き

喜ぶにかけて縁起物とされる昆布は、おせち料理には欠かせません。ここでは、京都らしくみがきにしんで作りますが、焼き穴子や鶏肉、豚肉などで作る家庭も。昆布巻きは、甘め、濃いめの味つけのほうが美味しいですね。

【みがきにしんと昆布巻き用の昆布】
みがきにしんは、にしんの干物のこと。干しているので、うまみがぐっと凝縮されています。また昆布は、だし用ではなく、食用の昆布を使うこと。できるだけ等級の高い、上等なものを選びましょう。

## 材料（作りやすい分量）

- 米のとぎ汁……2ℓ
- 昆布……18㎝
- みがきにしん……1本（約50g）
- かんぴょう……100㎝
- A
  - かつおと昆布のだし（P.174）……600㎖
  - 酒……大さじ4
  - ざらめ糖……100g
  - 濃口しょうゆ……120㎖
  - みりん……大さじ4

**下準備**　みがきにしんをしっかりかぶるくらいの米のとぎ汁に1時間つける。昆布は1ℓの水に30分つけてもどす（もどした水はとっておく）。

### 1 みがきにしんをゆでる

みがきにしんを米のとぎ汁ごと火にかけ、沸騰したら中火で約45分、やわらかくなるまでゆでる。

### 2 材料を切る

もどした昆布を6㎝角に切りそろえる。1のみがきにしんは3㎝の棒状に切りそろえる。かんぴょうは15㎝の長さに切る。

### 3 昆布で巻いてゆでる

昆布の手前にみがきにしんをのせて巻き、塩もみし、ゆでて洗ったかんぴょう（P.165の2）で結ぶ。中鍋に並べ、昆布のもどし汁を入れて、ふたはせず45分煮て、火を止めそのまま冷ます。

### 4 炊く

アルミ箔を中鍋の口径の大きさの円形に切り、中心に穴をあけて落としぶたを作る。中鍋に3の昆布を並べ、Aと3の昆布のゆで汁400㎖を入れて火にかける。沸騰したら、落としぶたをして中火で約30分炊く。火を止めて、そのまま冷ます。

## 参の重

# 車えびの艶《つや》煮《に》

参の重の主役ともいえる一品です。車えびの丸まった姿を、お年寄りに見立て、長寿の象徴としてお重に詰めます。

**材料**（作りやすい分量）

車えび（殻付き）……6尾

A
- かつおと昆布のだし（P.174）……500㎖
- 酒……大さじ2
- ざらめ糖……大さじ2（20g）
- 薄口しょうゆ……大さじ3
- みりん……大さじ1

**1 えびの下処理をする。**

えびの尾を斜めに切り、包丁の先で汚れをしごきだす。殻の真ん中あたりに竹串を刺して背ワタを引き抜く。

**2 えびを炊く**

小鍋にAを入れて沸騰させ1のえびを入れ、再び沸騰したら弱火にし、ふたをせずに約3分炊く。炊きすぎると身がしまってしまうので注意。火を止め、そのままじっくり冷ます。

---

## 参の重

# 絹さやの煮びたし

この小さな一品もまた「ねじり梅」と同じく、お重の中に彩りとリズムを加えるお料理です。塩ゆでした絹さやを「車えびの艶煮」で余っただしに浸すだけ。えびのうまみが、じんわりしみ込みます。

**材料**（作りやすい分量）

絹さや……適量
車えびの艶煮の煮汁（上記の2）の余ったもの……全量

**1 下ゆでする**

中鍋に湯を沸かす。その間に、絹さやの筋を取る。湯が沸いたら塩少々（分量外）と絹さやを入れ、再び沸騰してから約30秒ゆでて、氷水に入れる。

**2 煮汁につける**

冷ました「車えびの艶煮」（上記）の煮汁に水けをふいた1をつけ、30分以上おく。

# 参の重 くわい六方《ろっぽう》

おせち料理に欠かせないくわいの特徴は、なんといっても、芽が出ているところ。〝芽出たい〟とか仕事や商売の〝芽が出る〟にかけてお重に詰めます。いもとれんこんの間をとったような、独特の食感も魅力的な食材です。

**材料**（作りやすい分量）

くわい（小）……8個（200g）
くちなしの実……1個
A
- かつおと昆布のだし（P.174）……250㎖
- 酒……大さじ1
- ざらめ糖……大さじ1
- 薄口しょうゆ……大さじ1と1/2
- みりん……大さじ1/2

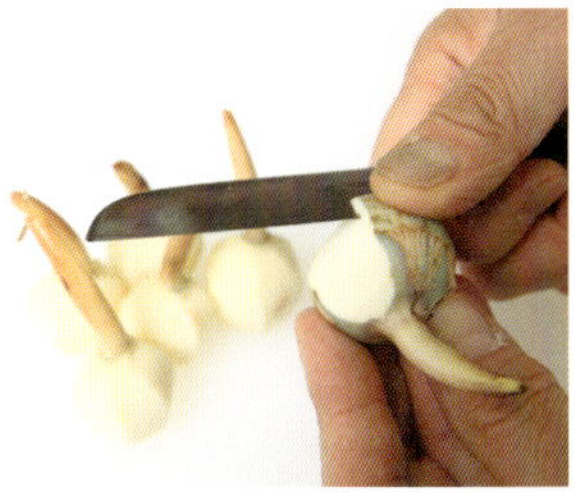

**1 くわいを六方にむく**
くわいの底を切る。底のほうから底が六角形になるように、六方にむく。

**2 くわいをゆでる**
くちなしの実に1本切り込みを入れる。中鍋にくちなしの実と、くわいがしっかりかぶるくらいの水を入れて火にかけ、沸騰してから約10分、くわいがやわらかくなるまでゆでてザルにあげる。

**3 くわいを炊く**
小鍋にAと2のくわいを入れて火にかけ沸騰してから約5分炊き、そのまま冷ます。

# 参の重 れんこんの菊煮

おせちに必ずれんこんを入れる理由は、穴があいていることから〝先を見通す先見性のある1年〟を願って、種が多いことから〝多産〟にかけて、などのいわれがあります。ここでは、そのれんこんを菊に見立てました。

**材料**（作りやすい分量）

れんこん……約5㎝（50g）
A
- かつおと昆布のだし（P.174）……250㎖
- 酒……大さじ1
- ざらめ糖……大さじ1
- 薄口しょうゆ……大さじ1と1/2
- みりん……大さじ1/2

**1 れんこんを菊の形に切る**
れんこんの表面の穴と穴の間に縦に1㎝ほどの切り込みを入れ、その切り込みに向かって両側から穴に沿って包丁を入れて、丸くカーブするようにむく。3㎜の厚さに切る。

**2 酢水につける**
ボウルに酢水（水200㎖：酢小さじ1。分量外）を入れ、1のれんこんを約10分つけてアクを抜いておく。

**3 下ゆでする**
中鍋に水をはり、水けをきった2のれんこんを入れて火にかけ、沸騰してから約5分、れんこんに竹串がすっと通るまでゆでる。

**4 炊く**
小鍋にAを入れて火にかけ、沸騰したら水けをきった3のれんこんを入れ、再び沸騰してから中火で約3分炊く。火を止めて、そのままおいて冷ます。

# 参の重の詰め方

煮物がメインの参の重。
黒や薄茶色のおせちが多くて
地味になりがちですが、詰め方ひとつで、
うんと華やかに。
ここ参の重では、弐の重と違って
整然と、ではなく
立体的に詰めていきます。

### 1 奥を詰める

まずは、奥の左スペースに「糸巻き高野豆腐」をお重の側面に斜めに立てかけるように2列に3個並べ、その上にもう1段重ねる。右スペースに「しいたけの土佐煮」をやはり側面に立てかけるように斜めに重ねて詰める。

### 2 手前に詰める

手前の左スペースに「れんこんの菊煮」をお重の横側面に立てかけるように数枚重ねる。次に手前右端のスペースに「昆布巻き」を数個、少しずらして結び目が見えるように重ねる。真ん中のあいたスペースに「鴨ロース」を「昆布巻き」に少し寄りかからせるように詰める。

### 3 真ん中スペースを詰める

真ん中スペースの上1列に「車えびの艶煮」を斜めに起こすように並べる。中央に差し込むように「くわい六方」を2～3個詰めたら、上に残った分をバランスよく詰める。

### 4 「ねじり梅」と「絹さやの煮びたし」を散らす

全体に「ねじり梅」を散らす。「絹さやの煮びたし」を3枚ずつ奥、真ん中、手前に斜めに差し込む。

# 京都のお雑煮

和食の汁物は、夏などは鯛《たい》や鱧《はも》などの魚のあらでだしをとり赤味噌仕立てにし、秋が始まる9月頃からは白味噌と麹味噌（一般的な味噌）で合わせ味噌仕立てにします。そして寒くなり始める11月頃から白味噌仕立てにするのです。しかし、関東の方など「白味噌だけでは甘すぎる」とおっしゃることも多いので、麹味噌又は赤味噌を少し入れて合わせ味噌仕立てにして飲みやすくすることもあります。

京都のお雑煮は、西京味噌といわれる白味噌を使います。白味噌は、茶懐石や各家庭で秋から冬にかけてよく使われます。白味噌を使うのは、体を温める効果が高いからともいわれています。

「お正月のお雑煮」は白味噌だけで作ります。この時の白味噌は、12月から正月雑煮用白味噌としてお味噌屋で販売される特別なもので、ふだんの白味噌より麹の量が多く、うまみとコクが増し、とても美味しく仕上がります。

お正月のお雑煮は、本来は仏さまに備えるものなので、かつおだしは使わずに、昆布だしに味噌を溶き入れます。

代表的な具材は、人さんの頭《かしら》になるように頭いも（里いも）を切らずに丸のまま。子孫が繁栄するように小いも、大地に根が張るように大根、餅は丸餅です。京にんじんは日の出に見立てます。すべて角のないものばかりで、この一年人さまと争わず、何事も丸くおさめて過ごせるようにという意味合いがあるのです。

最後に、熱々の雑煮をいただくときに花がつおをふんわりとのせます。いわゆる追いがつおになってさらに美味しくなるのです。

**材料**（4杯分）

丸もち……4個
里いも……2個
大根……5㎝
京にんじん（P.159）……5㎝
＊なければにんじんでもよい。
昆布だし（P.174）……800㎖
白味噌……大さじ4
みつばの茎……適量
かつお節……適量

**1 野菜を切る**
里いもは皮をむいて半分に切る。大根とにんじんは輪切りにして半分、またはいちょう切りにする。

**2 みつばを結ぶ**
みつばの茎をゆでて7㎝に切り、結ぶ。

**3 野菜を煮る**
だしを温めたら1の野菜を入れて中火で10分煮て、弱火にし、味噌を溶く。

**4 餅を焼く**
餅を焼き、器に入れ、3をよそい、みつばをのせ、かつお節を添える。

付録

# だしの引き方

和食の底味を作る「だし」。今回は、科学的にその美味しさを実証された昆布を60℃の湯で約1時間煮る方法を紹介します。ぜひとも一度、この方法でだしを引いてみてください。

## 昆布だし

**材料**（作りやすい分量）

水……1ℓ

昆布……20g

※引けるだしは約500㎖。

鍋に水とぬれ布巾でふいた昆布を入れ、1時間以上おく。「かつおと昆布の一番だし」の作り方1～2と同じようにだしを引く。

▶冷蔵庫で約3日間保存できます。

## かつおと昆布の一番だし

**材料**（作りやすい分量）

水……2ℓ

昆布……40g

かつお節（血合い抜き）……20g

※引けるだしは約1ℓ強。

### 1 昆布を水につける

大鍋にぬれ布巾でふいた昆布と水を入れ、1時間以上おく。

### 2 60℃の湯につける

1を中火にかけ、60℃の温度になったら弱火にして温度をキープしたまま約1時間煮る。

### 3 アクを引く

2の昆布を取り出し、火を強めて90℃になったら、アクを引く。

### 4 こす

火を止めたらかつお節を入れ、かつお節が沈んだらすぐペーパータオルを重ねたザルでこす。えぐみが出るのでこしたペーパーはしぼらないこと。

▶冷蔵庫で約2日間保存できます。必要に応じて多めに引いておく。

## かつおと昆布の二番だし

**材料**（作りやすい分量）

水……4ℓ

かつおと昆布の一番だしで残ったもの……4回分

※だしを引いたあとのかつお節と昆布は冷凍保存してためておく。

かつお節（血合いあり）……20g

**1** 鍋に水と一番だしで煮出した昆布とかつお節を入れ、中火で1時間ほど煮る。沸騰したら昆布を取り出す。

**2** 1を強火にし、追いがつお用のかつお節を入れ、3分ほど煮たら火を止める。かつお節が沈んだらペーパータオルを敷いたザルでこす。

▶冷蔵庫で約2日間保存できます。

◉昆布にはうま味成分であるグルタミン酸が、かつおにはイノシン酸が多く含まれています。昆布は60℃、かつお節は90℃の状態のときにそれぞれのうまみ成分が溶け出し、最高潮に達する。

◉昆布は利尻昆布を使用。近又の懐石料理には利尻昆布を使っていますが、うまみの濃さを求めるなら、羅臼や真昆布を使ってもよいでしょう。塩分が少し強めの、うまみの濃いだしが引けます。

◉かつお節には血合い入りと血合い抜きの2種類がある。血合い入り（右）の場合は酸味や若干の雑味を持つが、うまみも濃いのが特徴。血合い抜き（左）はさっぱりとしていて、上品な風味に仕上がる。

◉かつお節は沈殿して時間をおくと雑味が出てくるので、沈んだらすぐにこすこと。

◉水は地域により性質が異なる。京都の場合は軟水のため、1時間強でだしが出るが、硬水の地域はだしが出るのに長時間かかる場合も。一度使っている水の硬度を調べて、煮る時間を調整しましょう。

付録

# 土鍋でごはんを炊く

「土鍋でごはんを美味しく炊く方法が知りたい」という声が多く、ご紹介することとなりました。ポイントは、炊いている途中でふたをあけてひと混ぜすることです。近又では、ごはんは〝おくどさん〟で炊いています。

## 土鍋ごはん

材料（2合分）

白米……2合

水……450㎖

### 1 米をとぐ

米をボウルに入れ水をたっぷり注いだら、ひと混ぜし、すぐに水を捨てる。手のひらの付け根を使い、力を入れすぎないよう、かるく押しながらとぐ。

### 2 米を洗う

水が濁ってきたら水をかえ、水がほんのり濁る程度になるまで洗う。

### 3 水けをきる

2をザルにあげて真ん中をくぼませたらそのまま30分ほどおいて水けをきる。といだ米をザルにあげる際、真ん中をくぼませることで、早く、均一に水をきることができる。

### 4 米を水につける

ボウルに米と分量の水を入れ、そのまま30分ほどおく。土鍋でつけると鍋が水分を吸ってしまうため、ボウルなど別の容器でつける。

### 5 炊く

4を土鍋に移し、ふたをしてから強めの中火にかける。7〜8分して沸騰したら、ふたを開けてしゃもじで底から返すようにして混ぜる。すぐにふたをして中火で3分、弱火にして5分火にかける。

### 6 蒸らす

火を止めて20分ほどそのまま蒸らす（この蒸らしでお米が甘くなる）。ふたをあけ、しゃもじで上下を返して茶碗によそう。

**コツ1 力を入れない**

最近のお米は、昔に比べて繊細なので力を入れすぎてとぐと割れてしまいますから、注意すること。

**コツ2 水きり必須**

といだ米を30分は水きりしてから水につけると吸水率が上がります。必ず、水きりの時間を取りましょう。

**コツ3 水分量**

水分量の目安は、米1合に対し水1.25倍（225㎖）です。ただし、新米の場合は水の量を少し減らす（米の1.2倍）に。

**コツ4 炊飯時間**

土鍋により火の入り具合が異なるので、様子を見ながら火加減や炊き時間を調整する。ここで使用した土鍋は、直径21㎝、厚さは2㎝ある厚手の信楽焼の鍋です。これよりも薄手の土鍋で炊く場合は、炊く時間を数分短くして様子を見るといいでしょう。

**コツ5 途中でひと混ぜ**

炊いている途中で、米に火を均等に入れるため、ひと混ぜします。炊飯中にふたをあけても問題ありません！

付録

# 野菜の切り方

同じ野菜でも、切り方が変われば火の通り方や、食感が変わり、風味も変わります。今一度、基本に立ち返っておさらいしてみましょう。

## 半月切り

輪切りにしたものをさらに半分に切る。輪切りにする前に縦半分に切り、切り目を下にして端から切っていく方法でもよい。

## いちょう切り

半月切りにした野菜をさらに半分に切る。半月切りにした野菜の切り口を円形になるように合わせ、縦に包丁を入れる方法や、数枚重ねて半分に切る方法でもよい。

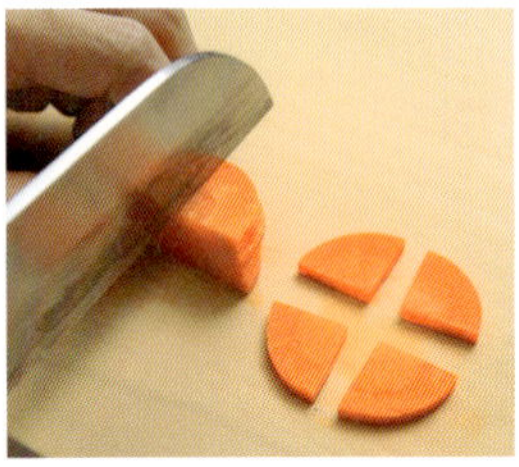

## 乱切り

不ぞろいの形に切る。にんじんやごぼうなどの細長いものを、細いほうから斜めに45度ずつ向こう側に回して、切り口に直角になるように包丁を入れていく。形は不規則でも大きさはそろえるように。切り口が広くなるので、味がしみ込みやすくなる。回し切りともいう。

## せん切り

にんじんや大根などを4〜5cm長さの円筒状に切る。安定をよくさせるために端を切り落として平らにする。切り落とした面を下にし、端から1〜2mm幅に切っていく。切った面を上にして、少しずつ横にずらして並べ、端からできるだけ細く切っていく。

## 輪切り

切り口が円形になるものを、端から一定の厚さに切っていく切り方。厚みは料理に合わせる。

←

## くし形切り

レモンやトマト、玉ねぎなど、丸みのある食材を放射状に切る。縦半分に切ったら、さらに縦半分に切って1／4サイズに。芯を上にしてさらに半分に切り分ける。

←

## 短冊切り

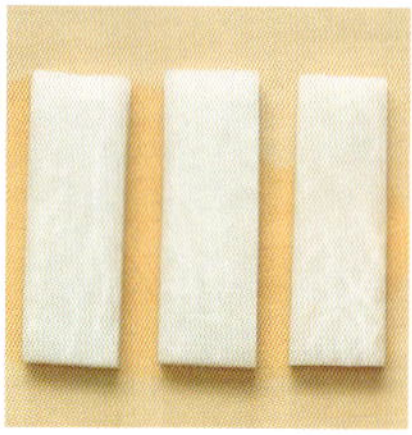

短冊のように薄い長方形に切る。幅約2～3㎝、長さ約4㎝、厚さは3㎜程度。

約4㎝長さの円筒状に切った野菜を、せん切りと同様、安定させるために端を切り落とします。切り落とした面を下にし、端から切る。すべて切り終えたら切った面を上にして数枚重ね、2～3㎝幅に切る。

←

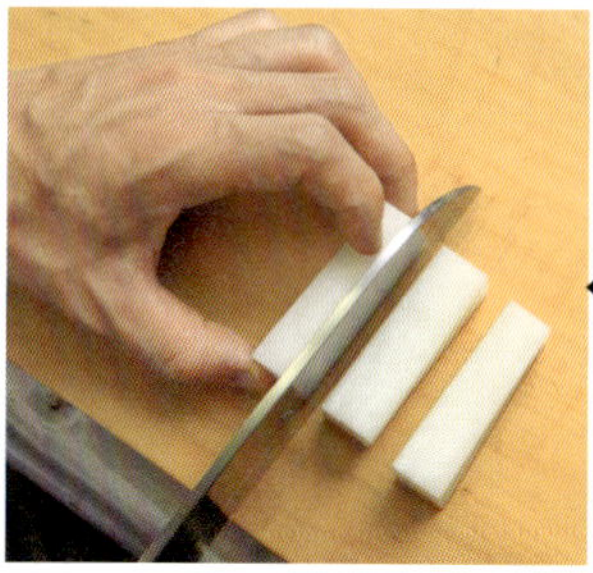

## 拍子木切り

短冊切りよりも幅を狭く切る。短冊切りと同じ要領で幅7㎜～1㎝に切り、切った面を上にして数枚重ね、約7㎜～1㎝幅に切る。

←

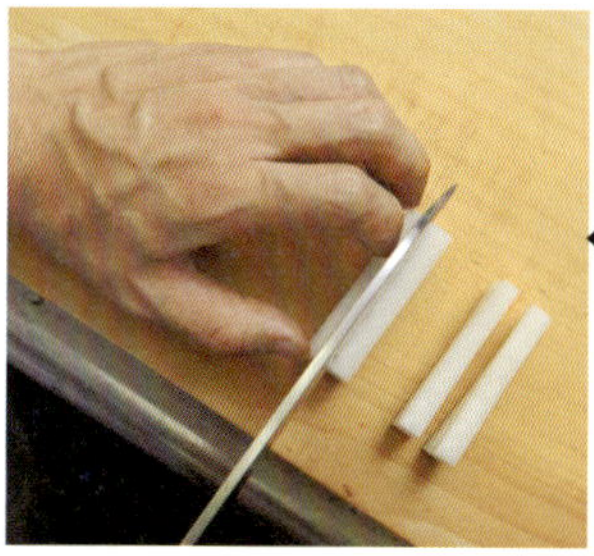

## 細切り

拍子木切りよりも細く、せん切りよりも太く切る切り方。短冊切りや拍子木切りと同じ要領で幅を5㎜程度の、マッチ棒のように切る。

←

## 角切り

サイコロのような立方体に切る。拍子木切りにしたもの(177ページ)を横に並べ、端から7㎜～1㎝角に切る。

## あられ切り

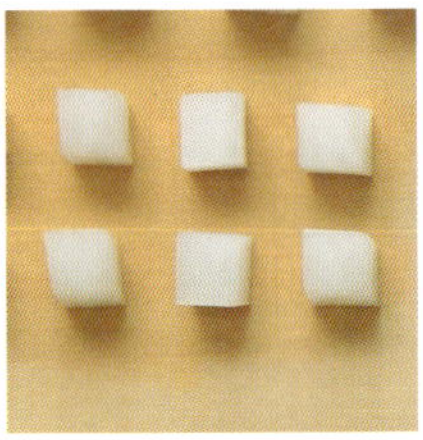

角切りと同じ要領で、5×5㎜の角切りにする。

## 斜め切り

長細い食材に対し、包丁を斜めに入れて切る。切るときは、包丁の角度を変えず、厚みもそろえるのがポイント。

## 小口切り

あさつき、長ねぎ、きゅうりなど細い野菜を切り口が丸くなるように端から2㎜の薄さに切る。

## ささがき

笹の葉のように薄く削るように切る。ごぼうのような細長い野菜を鉛筆を削るように薄く細く、そぐように切る。ごぼうの場合、皮をよく洗い、5㎜くらいの深さで縦に数本の切り込みを入れ、包丁をごぼうの斜面に合わせて寝かせるようにあてたら、ごぼうを回しながら鉛筆を削るように薄くそいでいく。

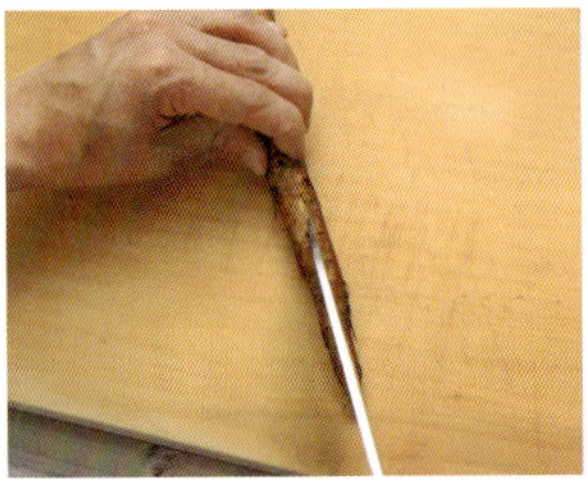

## 白菜を切る

白菜は、葉のところと白い芯の部分では厚さが違うので、火の入る時間も違います。ですから、葉と芯の部分を切り離して使いましょう。芯の部分はそぐように切るそぎ切りにするといいでしょう。鍋のときなどは、先に芯の部分を入れて、あとから葉を入れます。

〝白菜のざく切り〟は、白菜を横に置き、横半分に切って縦4〜5cm幅に切る。

## 面取り

煮物で、野菜を煮崩れさせたくない場合は面取りします。面取りとは、切り口の縁を丸く削ること。このひと手間で美しく仕上がります。

## しょうがのせん切り

1片分の小さなしょうがのせん切りを我流で行い、手間だと思っている方が多いよう。この通りやれば、なんてことはありません。

凹凸の部分は取り除き、皮をむいて、薄い輪切りに。除いた部分はおろししょうがとして使うとよい。切った面を上にして、少しずつずらして横に並べ、端からできるだけ細く切っていく。

↓

↓

付録

# あじの三枚おろし

あじを三枚おろしにできれば、料理のレパートリーは格段に増えます。三枚におろした時にできる中骨でだしをとったり、骨せんべいにして楽しむこともおすすめです。ここでは、あじを使っていますが、さばなどほかの魚でも基本は同じです。

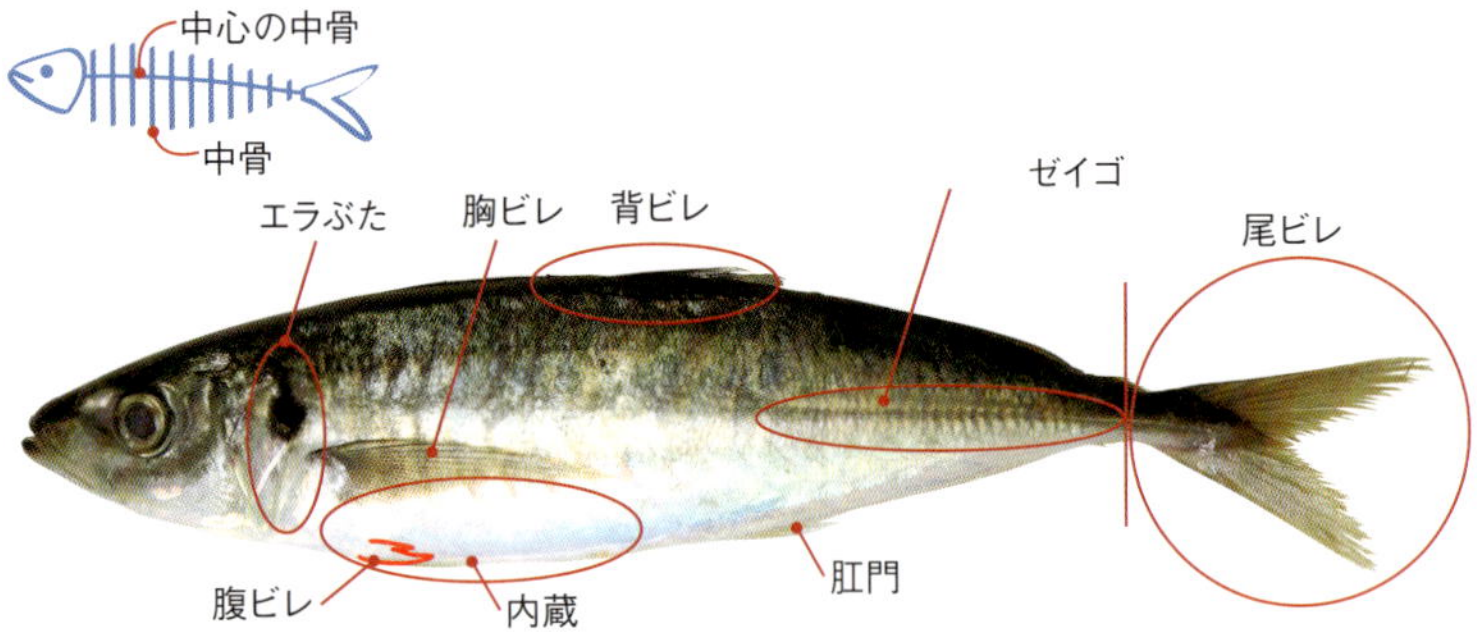


◉包丁はあれば出刃包丁を使って。
◉包丁は前後に動かさず、引いて切るときれいに仕上がる。

## 1 全体を洗う

魚全体を水洗いし、ぬめりを取ります。

## 2 ウロコを取る

出刃包丁の刃（またはウロコ取り）を、ウロコを起こすように尾から頭の方向にすべらせて、魚全体のウロコを取る。背ビレや尾ビレの付け根、エラの部分もまんべんなく丁寧に取り除く。

## 3 頭を落とす

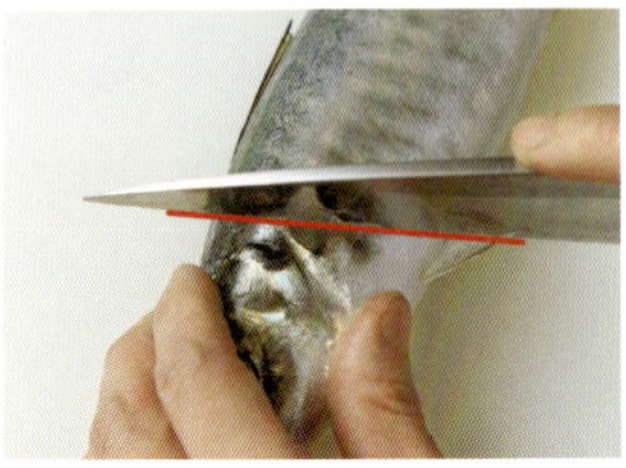

頭のすぐ下にあるエラぶたを立て、斜めに包丁を当て、中骨が当たるまで包丁を入れる。裏返し、同じように切り込みを入れたら骨を切って頭を切り離す。

## 4 内臓を除く

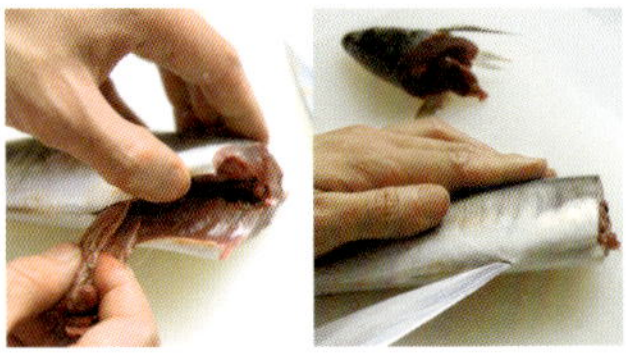

内臓がある腹の部分（腹ビレの間から肛門まで）に切り目を入れる。さらに深く包丁を入れて切り開いたら、手で内臓を取り出す。

## 5 血合いを除く

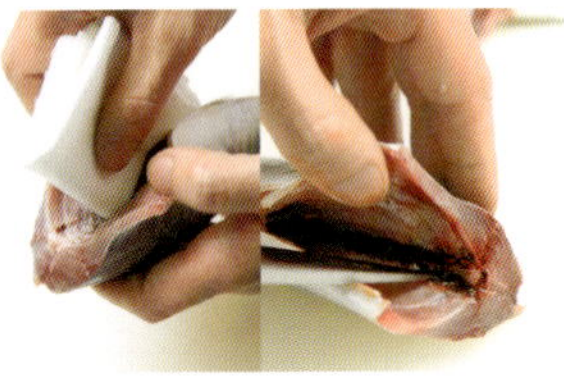

中骨に付いている血合いを包丁でこそげ落とし、流水できれいに洗い流し、ペーパータオルでしっかり水けをふく。

## 6 ゼイゴを取る

ゼイゴ（尾の付け根にあるかたい部分）を取り除く。尾の付け根に包丁を入れ、頭に向かってそぐように切り離す。裏面も同様に。
※さばにはゼイゴはない。

## 7 腹側の身と骨を切り離す

頭の方を右側に置き、肛門から尾まで筋をつけるように浅めに切り込みを入れる。再度、その切り込みに包丁を入れ、骨と身を切り離すようにしながら切り込みを深くする。包丁が中心の中骨に当たるまで、この作業を繰り返し、身と骨を切り離していく。一度に奥まで切り離そうとせず、2～3段階に分け、切り目を持ち上げながらゆっくり包丁を入れていくと切りやすい。

・あじの利久焼き（P.67）

## 8 背側の身と骨を切り離す

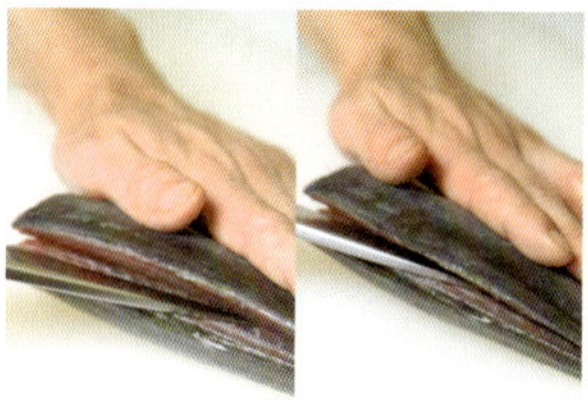

尾を右側にし、背側を手前にもってくる。尾の方から浅く切り込みを入れ、その切り込みから少しずつ中心の中骨に当たるまで骨と身の間に包丁を入れる。

## 9 尾に向かって包丁を入れる

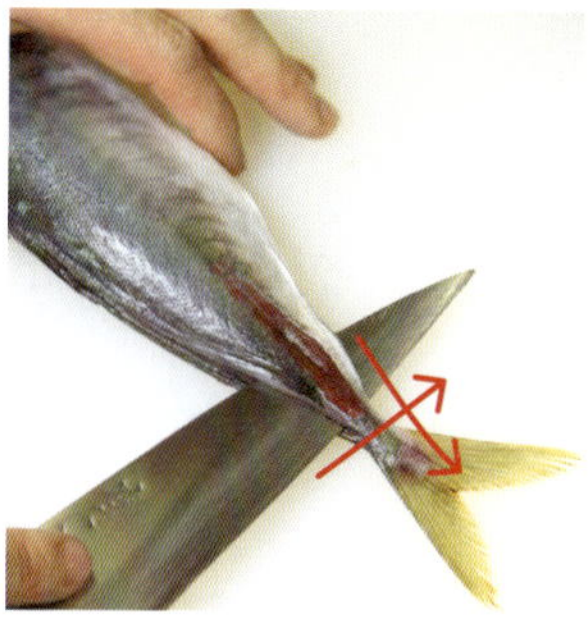

身が細くなる辺りで包丁を腹側に貫通させ、尾のぎりぎりまで中骨に沿って包丁を入れる。

## 10 中骨と身を切り離す

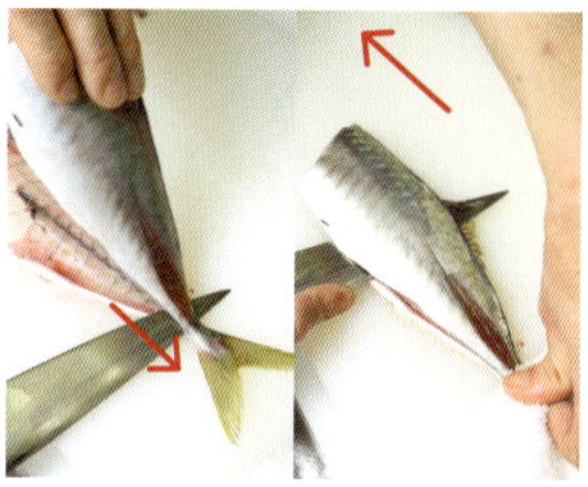

包丁の向きを変え、布巾を使って尾を押さえながら、頭側に向かって包丁を動かし、中骨と身を切り離す。尾も切り離す。

二枚おろし

**半身も同様におろす**

## 11 背側の身と骨を切り離す

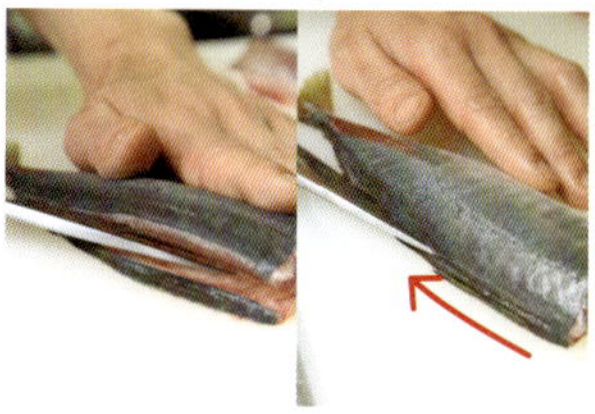

尾と骨が付いた身は、尾を左側に置いて背側を手前に置き、背のカーブに沿って切り込みを入れる。その切り込みから中骨に当たるまで少しずつ包丁を入れ、骨と身を切り分ける。

## 12 腹側の身と骨を切り離す

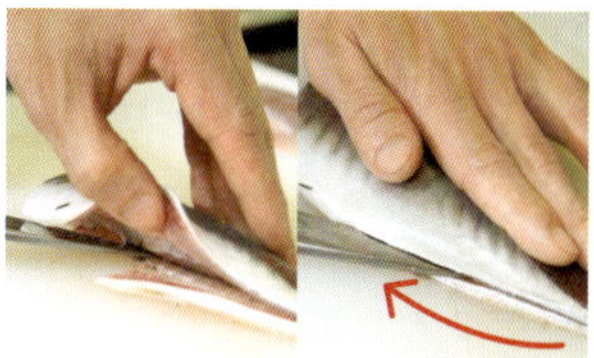

尾を右に、腹側を手前にして置き、尾から頭に向かって包丁で浅めに切り込みを入れる。再度その切り込みに包丁を入れて中骨に当たるまで少しずつ包丁を動かし、骨と身を切り分ける。

## 13 中骨と身を切り離す

身を切り離す

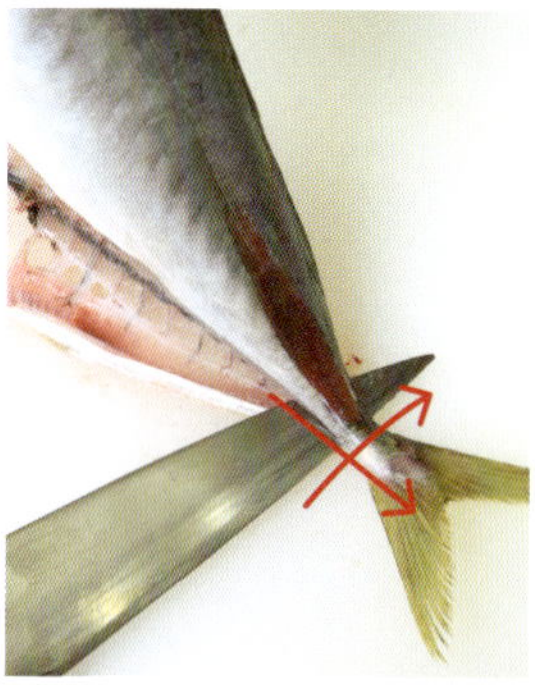

三枚おろし

## 14 腹骨をすき取る

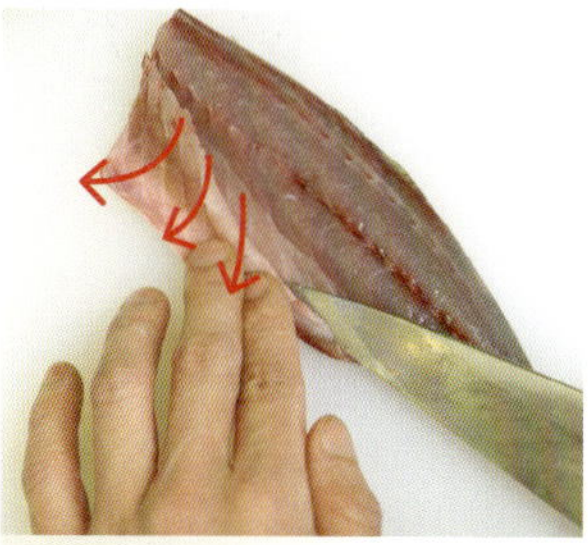

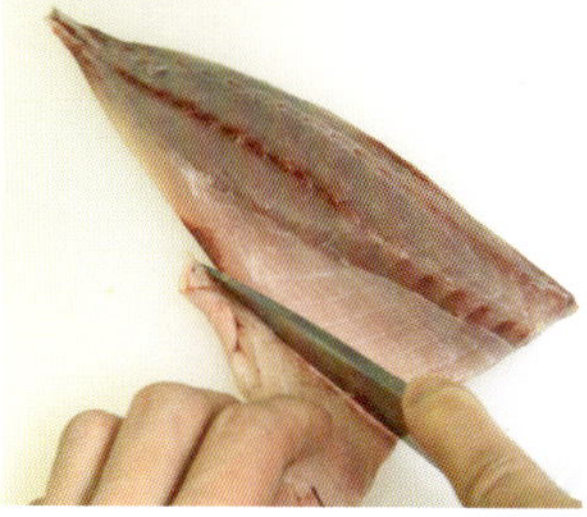

さばいた身に、腹骨に沿って薄くそぐように包丁を入れ、腹骨を切り落とす。

## 15 小骨を抜く

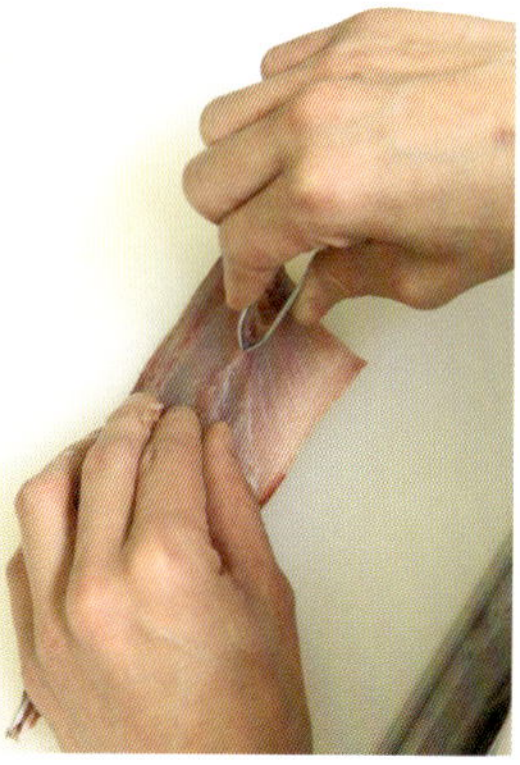

身を押さえながら骨抜きで小骨を抜く。小骨のほか、手で触って細かい骨がある場合は抜いておく。身は骨にくっついてはがれやすいので、くれぐれも身を押さえながら丁寧に。

完成!

付録

# いかをおろす

いかは、胴はいかそうめんやお造り、あえものや酢のものに、足は煮付けに、新鮮な肝は塩辛にと、余すことなく堪能することができます。皮をはがしたり、ワタやエンペラをはずすとき、身に傷をつけないよう丁寧に扱うことだけ気をつけてください。

## 1 エンペラを開く

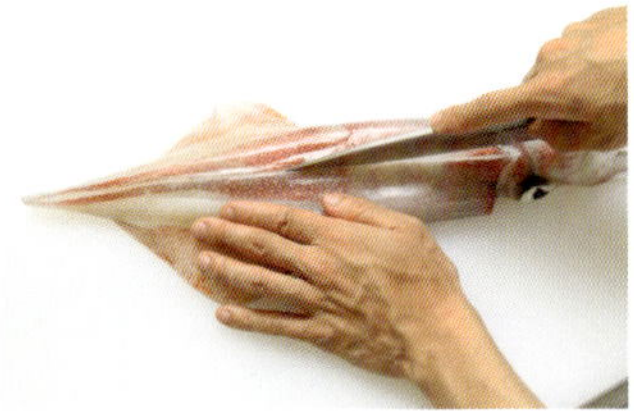

いかを流水で洗い、水けをペーパータオルでふく。エンペラがある側を上にし、先端から包丁を入れる。すぐに軟骨に当たるので、軟骨の上を切るように、胴体の下まで切り込みを入れる。

## 2 軟骨をはずす

エンペラを開いたら軟骨をはずす。

## 3 ワタと足をはずす

内側についている薄皮をはがしながら、ワタと足を取り除く。

## 4 墨袋を取り除く

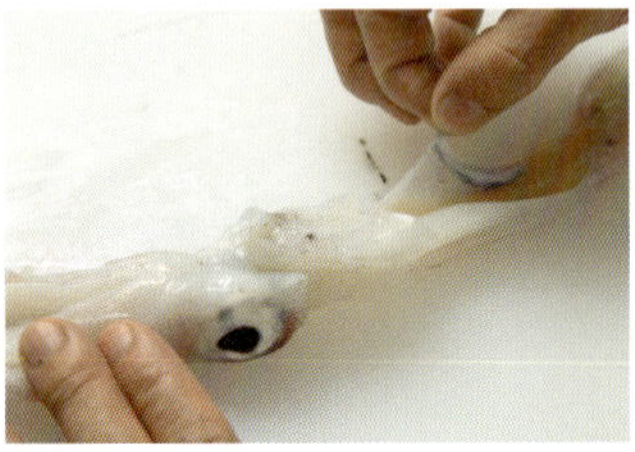

ワタについている墨袋を丁寧に取り除く。

## 5 黄色いワタを除く

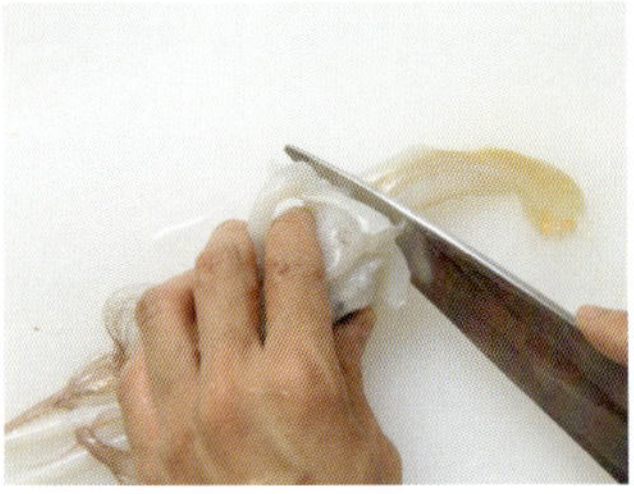

ワタと口の下を切り離す

## 6 足と目を切り離す

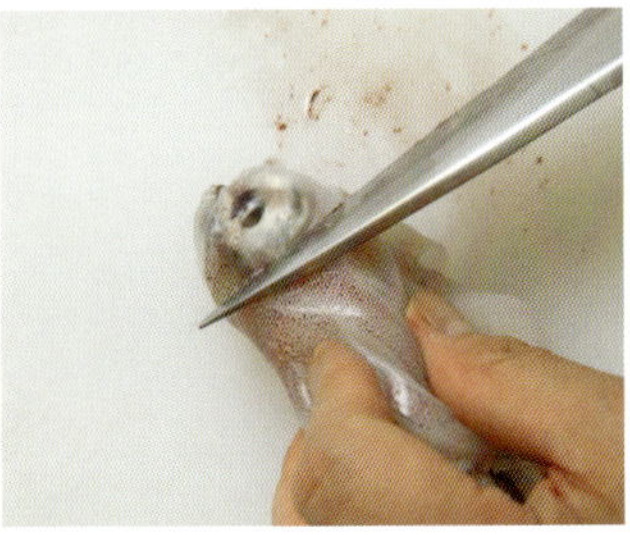

足と目の境に包丁を入れて目を切り離す。軟骨もあれば切り落とす。

## 7 口ばしをむしり取る

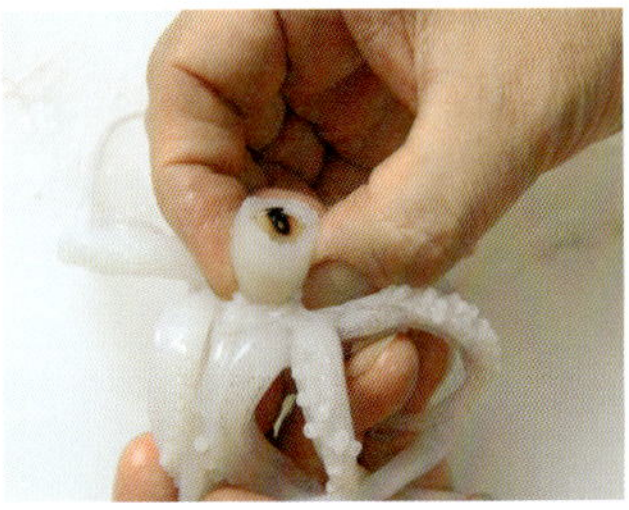

足の付け根の中央にあるかたい口ばしを手で抜き取る。

## 8 足の吸盤を除く

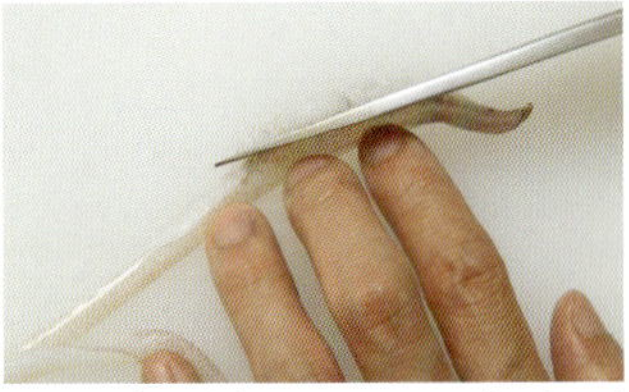

足の吸盤は汚れているので包丁の刃で切りおとす。ここで一度、いかもまな板も洗い水けをきれいにふき取る。

## 9 薄皮をはがす

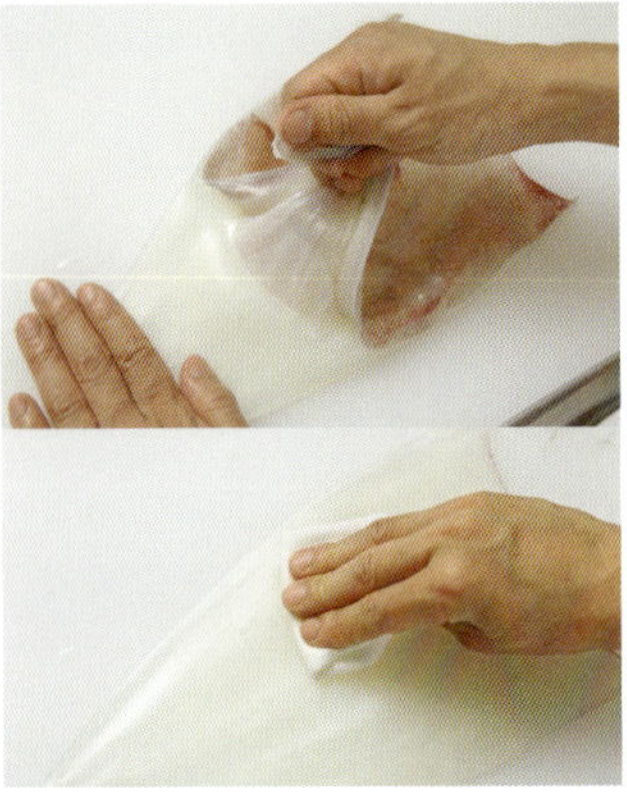

胴体は、エンペラをつかんで皮ごと薄皮を引きはがす。内側に残っている薄皮も布巾などでふき取る。余分な汚れや水けをペーパータオルでふき取る。

本書で紹介するいかの料理　・いかうにあえ（P.73）・いかの塩辛（P.73）・いかそうめん（P.75）

付録

# たけのこの下ゆで

4月から5月が旬のたけのこ。下ゆでに少しばかり手間がかかりますが、短い旬を逃さず、ぜひとも召し上がってください。一度、下ゆでしてしまえば、そぼろあんかけからあえもの、揚げもの、炊き込みごはんと、1本丸ごと様々に楽しむことができます。

**材料**（作りやすい分量）

皮付きたけのこ
……1本（850〜900g）
米ぬか……500g
赤唐辛子……5本

## 1 穂先を切り落とす

皮付きのたけのこの先端部分を竹皮の境目に沿って斜めに切り落とす。丸みをおびている側の先端から包丁を入れる。

## 2 縦に切り込みを入れる

竹皮の厚い部分にゆでたあと皮をむきやすくするため、縦に中央あたりまでたけのこの曲線に合わせて切り込みを入れる。

### 美味しさの手解き

◉掘り出してから時間がたつほどにえぐみが強くなりかたくなるので、買ってきたらすぐに下ゆですること。

◉たけのこの穂先は、やわらかいので、さっと火を通す煮物や汁物、あえもの、てんぷらなどに。

◉根元はかたいので、炊き込みごはんやしっかり火を通す煮物などに。

## 3 泥を落とす

たけのこの皮の泥をたわしでこすってよく洗って泥を落とす。

## 4 米ぬかを入れてゆでる

大きめの鍋に水5ℓと[3]のたけのこを入れ、米ぬかと赤唐辛子を入れて火にかける。

## 5 落としぶたをしてゆでる

沸騰したら落としぶたをし、中火〜弱めの中火で湯が対流する程度の火加減を保ちながらゆでる。

## 6 ゆで具合を確認

根元の太い部分に竹串を刺し、奥まで通ったら完成。そのままじっくりと冷やす。水洗いしてぬかを洗い流す。たけのこの種類や大きさにより、ゆで時間が大幅に異なるので、1時間ごとに根元に竹串を刺して様子を見るとよい。

### 下ゆでしたあとは……

・切り目を入れた部分から皮をむく。
・そのまま、または食べやすい大きさに切ってから水につけて冷蔵庫で保存。水を1日1回かえながら約4日間保存できる。



本書で紹介するたけのこ料理　・たけのこの土佐あえ（P.41）・たけのこのえびそぼろ餡かけ（P.109）・たけのこごはん（P.143）

付録

# てんぷらを揚げる

衣の表面はカリッと、中はふわっと、そして具材は衣に包まれてうまみがギュッと凝縮された、美味しいてんぷらを揚げるには、温度から揚げる順番、分量など、いくつか秘訣があります。ここで、8つのコツをまとめましたので、ぜひ、参考にしてください。

## コツ1 道具

てんぷらは油の温度調節が肝心。そのためにも揚げ鍋はある程度深さがある、厚手で大きめの鍋を選びましょう。〝温度計〟を使い、温度を測ることも大切です。天かすをすくう〝網じゃくし〟や油をきるための〝バット〟や〝網〟、かき揚げには〝穴じゃくし〟も必要です。

## コツ2 油の量

揚げ物は、具材がしっかり浮かび上がって泳ぐくらいたっぷりの油で揚げること。温度調節や均等に火を入れることなどを考えると、少なめの油での揚げ物はプロでも難しいものです。

## コツ3 油の温度

てんぷらは170〜180℃が適しています。野菜は170℃で、えびなど新鮮な魚介類は180℃が目安です。温度計がない場合は、少しの衣を落としてみます。途中まで沈み、すぐ浮き上がってきたら適温です。

## コツ4 揚げる順番

野菜→魚介類の順番で揚げましょう。魚介類を先に揚げると脂肪分が溶け出し、油に匂いがついてしまいます。

## 材料
（2人分）

えび（殻付き）……4尾
かぼちゃ……60g
しいたけ……2枚
揚げ油……適量
小麦粉……60～65g
冷水……125㎖
卵黄……1/3個分

**下準備** ボウル、水、小麦粉、卵黄は冷蔵庫で冷やしておく。

### 1 衣を作る

小麦粉を粉ふるい、またはザルでふるう。

別のボウルに冷水を入れ、卵黄を加えて泡立てないように混ぜる。ふるった小麦粉を少し加えたら数本の菜箸の太い部分を使ってたたくように小麦粉を液体に沈めながらなじませる。粉っぽさがなくなったら再度少量の小麦粉を入れ、同じ作業を繰り返す。決してぐるぐるとかき混ぜないこと。かき混ぜすぎるとグルテンが生まれて衣が粘ってしまう。

ある程度合わさったら手でダマをつぶす。

### 2 えびの下処理をする

えびは尾の部分を残し、殻をむいて背ワタを取る。尾の先を斜めに切り落としたら尾を開いて包丁の先で汚れをこそげ取る。腹の面に約1㎝間隔で切り込みを入れ、切り込みを入れた面を下にして、身をまな板にプチプチと音がするまで押しあて、筋を切り離す。こうすることで、揚げたときに身が反らない。

### 3 野菜の下処理をする

しいたけは軸を切り落とし、傘の表面に花柄に化粧包丁を入れる。かぼちゃは種を取り除いて5㎜幅に切る。

### 4 衣をつけて揚げる

揚げ油を170℃の中温に熱し、先に野菜を1の衣にくぐらせて約3分揚げる。しいたけは頭の部分を下にして油に入れると衣がとれにくい。泡の音が小さくなって具が上に浮いてきたらしっかりと油をきりながら引き上げる。次にえびを180℃の高温で同様に揚げる。

◉次の具材を揚げる前に、油の温度を確認する。衣は思っている以上に薄いのでたっぷりつける。油に入れれば余分な衣は逃げて天かすに。

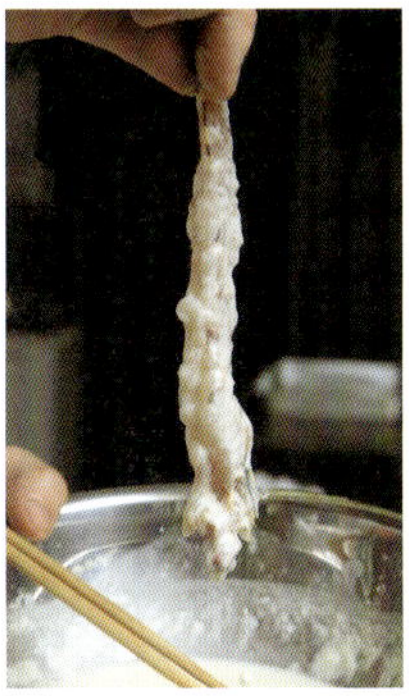

**仕上げ** 塩またはてんつゆ（P.189）と大根おろしで食べる。

### コツ5 一度に揚げる分量

揚げ鍋に入れる分量は表面積の1／2から1／3くらいに。それ以上入れると温度が下がってべちゃっとした仕上がりになります。

### コツ6 引き上げるタイミング

具材から出る泡が小さく少なくなり、音も高く静かになってきたときが目安です。

### コツ7 油きり

揚がったら、鍋の上で一度油きりし、それから網の上に移します。

### コツ8 天かすを取る

浮いてきた天かすは、油汚れや酸化の原因になるのでこまめに取り除く。

付録

# 竜田揚げの基本

竜田揚げを美味しく揚げるコツは。食材に合わせて 揚げ時間を変えること。また、下味用の調味液には、しょうがのすりおろしをたっぷり入れて、素材のくせをやわらげることもポイントです。

しょうがじょうゆをしっかりしみ込ませ、片栗粉をうっすらはたいてカラッと揚げる。

この揚げたての竜田揚げは、唐揚げともまた違う、パンチのきいた美味しさで、ごはんのおかずとしてはもちろん、ビールのつまみにもよく合う、ファンが多い和のおかずです。

美味しいコツは、揚げる温度と揚げ時間のバランスにあります。

衣をまんべんなくつけると同時に、つけすぎないことが大切。ところで、竜田とは、どこからきているのかご存じでしょうか。

どうやら紅葉の名所である奈良県の竜田川に見立てて、という説が有力のよう。

つまり、褐色の部分を紅葉に、ところどころ白い部分を竜田川に……と。

そう思いをはせてみると、美味しいだけでなく、趣のある一品に感じられます。

### 美味しさの手解き

◉片栗粉をつけすぎると粉っぽく重くなるので気をつけて。

◉合わせ調味料につけるときは、各食材の匂いが移らないように素材ごとに器を分けること。

◉好みでレモンをしぼりかけても美味しい。

## 材料（2人分）

下ゆでしたたけのこの穂先（P.183）……200g
＊市販の水煮でもよい。
さば（三枚におろしたもの）……300g
鶏もも肉……200g
A
- 酒……大さじ6
- 濃口しょうゆ……大さじ6
- しょうがのすりおろし……4片分（60g）

片栗粉……適量
揚げ油……適量
（好みで）レモン……適量

### 1 各材料を切る

たけのこの穂先は縦半分に切り、さらに縦4等分に切る。

鶏肉は4等分にする。

さばを4cm幅（細い部分は大きめ）に切る。

### 2 各材料を合わせ調味料につける

バットにAを入れて混ぜ、1のたけのこを入れる。ペーパータオルをかぶせ、途中上下を返しながら30分ほどつける。

バットにAを入れて混ぜ、1の鶏肉を入れる。ペーパータオルをかぶせ、途中上下を返しながら30分ほどつける。

バットにAを入れて混ぜ、1のさばを入れる。ペーパータオルをかぶせ、途中上下を返しながら30分ほどつける。

### 3 各材料を揚げる

2の各素材の水けをふき取り、片栗粉をまんべんなくまぶしたら、余分な粉を落とし、手で押さえつけて片栗粉を密着させる。揚げ油を170℃の中温に熱し、たけのこ、鶏肉、さばの順番に揚げていく。

揚げ時間の目安は次の通り

たけのこ　1〜2分

鶏肉　3〜4分

さば　3分前後

# 自家製調味料

## 田楽味噌四種

合わせ調味料を常備しておくと、家庭でもお店でも、あと一品欲しいというときに、すぐに作れて重宝します。ここでは、酢や味噌をベースとしたものを中心に、近又で、よく使っているおすすめを紹介します。

豆腐や大根、里いもなどにつけるだけで、立派な副菜のできあがりです。ただし地域により味噌の味や塩分濃度に違いがあるので、配合は味見をしながら加減してください。

### 赤田楽味噌（やや辛め）

約2カ月冷蔵庫で保存可

**材料**（作りやすい分量）
赤味噌200g・みりん50mℓ・酒50mℓ・ざらめ糖100g

**作り方**　小鍋にすべての材料を入れ、火にかけてふつふつしてきたら弱火にし、木べらで10分混ぜて、冷ます。

※本書では「ふろふき大根」（P.100）、「三色豆腐田楽」（P.128）に使用。

### 合わせ田楽味噌（普通）

約2カ月冷蔵庫で保存可

**材料**（作りやすい分量）
味噌100g・白味噌100g・酒大さじ2・みりん大さじ1強・砂糖60g・かつおと昆布のだし80mℓ

**作り方**　小鍋にすべての材料を入れ、火にかけてふつふつしてきたら弱火にし、木べらで2〜3分混ぜて、冷ます。

※本書では「加茂なすの合わせ味噌田楽」（P.107）、「三色豆腐田楽」（P.128）に使用。

### 白田楽味噌（甘め）

約2カ月冷蔵庫で保存可

**材料**（作りやすい分量）
白味噌180g・味噌20g・ざらめ糖40g・酒20mℓ・かつおと昆布のだし120mℓ・しょうが20g

**作り方**　小鍋にすべての材料を入れ、火にかけてふつふつしてきたら弱火にし、木べらで6分混ぜて、冷ます。

※本書では「千両なすの味噌田楽」（P.106）に使用。

### 木の芽味噌

約2カ月冷蔵庫で保存可

**材料**（作りやすい分量）
白味噌200g・上白糖4g・木の芽の葉適量

**作り方**　木の芽の葉をすり鉢でよくすり、白味噌と砂糖を加えてすり混ぜる。

※本書では「三色豆腐田楽」（P.128）に使用。

◉ちょっと贅沢に木の芽を味噌にすり混ぜたもの。香りもよく、見た目も美しく、おもてなし料理に重宝します。

## すし酢
約1カ月間冷蔵庫で保存可

**材料**（作りやすい分量）
酢200㎖・上白糖140g・塩30g・だし昆布5g
**作り方**　上白糖がしっかり溶けるまで材料を混ぜ合わせる。

※本書では「いなりずし」（P.142）、「鶴の千枚漬けずし」（P.152）に使用。

## 黄身酢
約1週間冷蔵庫で保存可

**材料**（作りやすい分量）
卵黄6個分・かつおと昆布のだし大さじ2・上白糖大さじ4・酢大さじ5・塩小さじ1
**作り方**　小鍋にすべての材料を入れて、ひと回り大きい鍋やフライパンに重ねて湯せんする。沸騰したら弱火にして木べらで粘りが出るまで混ぜて、冷ます。

※いかやかきなどの魚介類、きゅうり、うど、わかめ、青菜などをあえる。

## ごま味噌
約2週間冷蔵庫で保存可

**材料**（作りやすい分量）
白味噌45g・かつおと昆布のだし大さじ2・みりん大さじ1・練りごま大さじ1
**作り方**　すべての材料を混ぜ合わせる。

※本書では「いちじくのごま味噌がけ」（P.115）に使用。

## 甘酢
約1カ月間冷蔵庫で保存可

**材料**（作りやすい分量）
酢大さじ3・みりん大さじ1・上白糖大さじ2・塩小さじ1/2
**作り方**　すべての材料を混ぜ合わせる。

※しょうが、みょうが、かぶ、れんこんなどの即席漬けにする。

## 土佐酢
約2週間冷蔵庫で保存可

**材料**（作りやすい分量）
かつおと昆布のだし300㎖・酢50㎖・薄口しょうゆ50㎖・しょうが15g・かつお節5g
**作り方**　小鍋にすべての材料を入れてひと煮立ちさせて、冷ます。

※本書では「ほたるいかとオレンジの土佐酢あえ」（P.39）に使用。

## ごま酢
約2週間冷蔵庫で保存可

**材料**（作りやすい分量）
練りごま25g・かつおと昆布のだし20㎖・酢小さじ2・上白糖小さじ1・薄口しょうゆ小さじ1
**作り方**　上白糖がしっかり溶けるまで材料を混ぜ合わせる。

※本書では「ほたてと利休麸と水菜のごま酢がけ」（P.17）「マスカットのごま酢あえ」（P.116）に使用。

## てんつゆ
約3日間冷蔵庫で保存可

**材料**（作りやすい分量）
かつおと昆布のだし200㎖・酒大さじ1・ざらめ糖大さじ1・みりん大さじ1/2・薄口しょうゆ35㎖
**作り方**　小鍋にすべての材料を入れて、ひと煮立ちさせ、冷ます。

※本書では「れんこん餅ボール」（P.108）、「てんぷら」（P.184）に使用。

## 二杯酢
約1カ月間冷蔵庫で保存可

**材料**（作りやすい分量）
酢大さじ3・薄口しょうゆ大さじ1
**作り方**　すべての材料を混ぜ合わせる。

※いかやかきなどの魚介類、きゅうり、うどなどをあえる。

## 三杯酢
約1カ月間冷蔵庫で保存可

**材料**（作りやすい分量）
酢大さじ3・薄口しょうゆ大さじ1/2・上白糖大さじ2・塩小さじ1/2
**作り方**　すべての材料を混ぜ合わせる。

※きゅうり、わかめ、春雨などをあえる。

Memo

## 加減酢

**材料**（作りやすい分量）**と作り方**
二杯酢、三杯酢にかつおと昆布のだしを好みの分量混ぜて酢の物に使う。

◉これは、作りおきせず、使う直前に混ぜます。

# おわりに
## この本に込めた想いについて

先日、女将からこんな話を聞きました。

近又に定期的に通ってきてくださる主婦の方が、「私ね、近又さんに来るために、近又貯金してるのよ」と打ち明けてくださったのだとか。

「京懐石」という手のかかったハレの日の料理は、食材や見た目はもちろん、お財布にも贅沢なものでございます。

お客様の中には、遠方から、時に海外からもお越しくださり、「夢がかなった」、「一度、この館で京都の料理を味わいたかった。一生の思い出ができた」とおっしゃってくださる方も、たくさんいらっしゃいます。

だからこそ、近又の人間は、一期一会を大切にしております。


この本の出版のお話をいただいたとき、近又を支えてくださっている方はもちろん、いつか来たいと思ってくださっている方の心に届くような本を作りたいと思いました。

そしてそれは、近又でお出ししている懐石料理をただ紹介するだけのレシピ本ではなく、近又の原点であり、真髄を込めた家庭のお台所でも作ることのできる、「家庭料理」を中心にのせた本なのです。

近又の真髄とは、和食であること。

和食とは、身近な自然の恵みをいただき、調理し、美味しく食べることで育まれてきた、日常の文化だと思います。

心を込めて料理を作り、お客様に喜んでいただく。

食べてくださる方を幸せにすることが、私たちが目指す和食なのです。


また、四季折々の海のものや山のものを取り入れることも、和食の基本ですね。

是非とも、この本を通して台所で、食卓で、日本の豊かな自然と四季を感じていただけたらと思います。

そしてできることなら、日本の自然環境や文化、社会を守ることへ思いを馳せてみていただけたらとも思うのです。


人々を幸せにしてきた日本の文化である和食をこれからも伝えていきたい。

本書が、皆様の大切な人を幸せにする一助となれるのなら、これほど有難いことはありません。

鵜飼治二

左から
山口敏生（調理長）、大日方圭斗、
鵜飼英幸（専務）、鵜飼治二（社長）、
鵜飼真澄（女将）、吉澤千紗都、
安栗聖介（副調理長）、山下直輝

鵜飼治二　Ukai Haruji

「近又」主人・七代目又八。「近又」は享和元年（1801年）、近江の薬商人のための旅館として創業。七代目又八・鵜飼治二氏により、懐石料理の料亭と1日2組のみ宿泊できる料理旅館に変わる。創業当初から大切に受け継がれてきた味と真心を軸にした、繊細かつ伝統的な味と温かいもてなしには、日本だけでなく海外からのファンも多い。錦市場にほど近い、風情ある町屋造りの建物は、2001年3月、文化庁より「登録有形文化財」に登録されている。

「だし」を大切にした和食の味を絶やしたくないと、食育にも力を注ぐ。また各小中学校・大学での講師、全国各地への講演活動も務める。著書に『京懐石・近又』（光村推古書院）がある。

HP　https://www.kinmata.com


協力　大阪ガス

| | |
|---|---|
| ブックデザイン | 釜内由紀江　五十嵐奈央子（Grid） |
| 撮影 | 石川奈都子 |
| 調理 | 山口敏生（料理長）・安栗聖介（副料理長）・山下直輝・澤良一、稲葉達也 |
| 校正 | ケイズオフィス |
| 取材 | 久保愛 |
| 企画・編集・取材 | 斯波朝子（オフィスCuddle） |

※本書は2015年に刊行した『和のおかずの教科書』に新しいレシピを加え、内容の一部を再編集、判型・タイトルを変えたものです。

本書の内容に関するお問い合わせは、**書名、発行年月日、該当ページを明記**の上、書面、FAX、お問い合わせフォームにて、当社編集部宛にお送りください。**電話によるお問い合わせはお受けしておりません。**また、本書の範囲を超えるご質問等にもお答えできませんので、あらかじめご了承ください。
FAX：03－3831－0902
お問い合わせフォーム：https://www.shin-sei.co.jp/np/contact-form3.html

落丁・乱丁のあった場合は、送料当社負担でお取替えいたします。当社営業部宛にお送りください。




和食の手解《てほど》き

2022年 12月15日　初版発行

著者　鵜飼治二
発行者　富永靖弘
印刷所　株式会社新藤慶昌堂

発行所　東京都台東区台東2丁目24　株式会社　新星出版社
〒110-0016　☎03（3831）0743



ISBN978-4-405-09435-2